21세기 생존전략
4차 산업혁명

21세기 생존전략
4차 산업혁명

초판 1쇄 인쇄일 2017년 5월 8일
초판 1쇄 발행일 2017년 5월 16일

지은이 이정구
펴낸이 양옥매
교   정 조준경

펴낸곳 도서출판 책과나무
출판등록 제2012-000376
주소 서울특별시 마포구 방울내로 79 이노빌딩 302호
대표전화 02.372.1537 **팩스** 02.372.1538
이메일 booknamu2007@naver.com
홈페이지 www.booknamu.com
ISBN 979-11-5776-428-0(03320)

이 도서의 국립중앙도서관 출판시도서목록(CIP)은 서지정보유통지원 시스템
홈페이지(http://seoji.nl.go.kr)와 국가자료공동목록시스템
(http://www.nl.go.kr/kolisnet)에서 이용하실 수 있습니다.
(CIP제어번호 : CIP2017010818)

Industrial Revolution

21세기
생존전략

4차
산업혁명

産業革命

이정구 지음

책나무

요즈음 온통 4차 산업혁명이다. 어디를 가도 4차 산업혁명이고, 인더스트리 4.0이다.

이 책은 책 제목에서 "생존전략"이라는 단어가 암시하듯 3차 산업혁명시대에서 4차 산업혁명 시대로 가는 길목에서 우리의 생존을 위하여 가장 중요하게 떠오른 4차 산업혁명 시대의 살아갈 길에 대해서 기존의 연구 결과들을 공부하고 고민한 것이다.

최근에 기술사업화 관련 단어도 많이 등장하면서 벤처, 기술이전, 클러스터, 오픈이노베이션, 기술경영, MOT 등 경제를 살릴 수 있는 많은 키워드들이 새롭게 대두되고 있다.

2013년부터 기술사업화 업무를 수행하면서 2014 기술사업화 최우수기관으로 선정되는 기쁨도 누렸으나, 기술사업화 이론과 실무를 아우르는 책을 찾기 힘들었고, 기술사업화 관련분야 종사자들이 모두 한 몸이 되어 같은 방향으로 나갈 수 있도록 도와주는 기술사업화 책을 써 보고 싶어서 기술사업화와 기술가치평가에 대한 책을 직접 써 보았다.

기술사업화에서 가장 고민되던 부분이 외부와의 협력 방안이었다. 많은 사람들이 아무리 이야기를 해도 기업, 공공기관 모두 실질적으로는 자체개발을 통한 기술확보 및 기술사업화를 주로 하고 있다는 것이다. 이를 타개하기 위하여 정부는 2017년 3월 제6차 기술이전사업화 촉진계획을 발표하면서 외부기술도입 활성화를 핵심전략으로 제시했다.

　세계는 2016년 1월 다보스포럼에서 클라우드 슈밥회장의 '4차 산업혁명의 이해' 발표에서 시작된 제4차 산업혁명에 대비하기 위하여 호들갑이다. 이제는 실재와 가상이 초연결 환경에서 통합되어 사물도 지능적으로 제어할 수 있는 사이버물리시스템의 시대로 가고 있다.

　독일은 인더스트리 4.0을 국가어젠다로 채택하여 4차 산업혁명을 이끌고 있으며, 미국은 대통령 산하에 국가제조업혁신네트워크를 구축하여 대응하고 있고, 중국은 중국제조 2025전략을 수립하여 전산업분야를 적극 지원하고 있으며, 일본도 4차 산업혁명 선도전략을 발표하고 민군 공동 대응을 하고 있다.

이 책에서는 4차 산업혁명으로 가는 길을 소개한다. 오픈이노베이션과 EU의 오픈이노베이션 2.0과 같은 발전을 통해 4차 산업혁명으로 가는 흐름을 가지고 기술사업화 생존전략의 궁극적인 목표를 같이 고민해 보고자 했다.

기술사업화에 종사하는 많은 분들이 훌륭한 성과를 거두기 바라며, 특히 이 책이 그분들에게 조금이나마 도움을 주었으면 한다.

끝으로 이렇게 책을 쓸 수 있도록 나에게 힘을 준 사랑하는 나의 가족들, 사랑하는 와이프 유재현, 큰아들 이남기, 막내아들 이남용에게 나의 부족함과 미안함과 사랑을 담아 표현한다. 특히 남용이의 고민이 해결되는 17년이 되길 빈다.

2017년 5월
이 정 구

I. 서론

　지난 2017년 3월 3일 산업자원부는 제1차 기술이전사업화정책 협의회를 열고 기술이전사업화촉진법에 근거한 법정계획인 '제6차 기술이전사업화촉진계획'을 발표했다. 지금 세계는 바야흐로 초연결, 초지능, 대융합으로 대변되는 4차 산업혁명의 시대이다. 만물인터넷이 IoT(Internet of Thing), IoE(Internet of Everything) 등의 수평적 연결을 통해 방대한 빅데이터를 생성하고 인공지능(AI)이 빅데이터에 대한 고도의 해석(Deep Learning)을 토대로 적절한 판단과 자율제어를 수행함으로써 초지능적인 제품 생산/서비스 제공을 완성하는 것이다. 4차 산업혁명은 인터넷 플랫폼을 기반으로 모든 사물, 공간, 산업, 사람을 지능적으로 연결하고 융합하여 인류의 사회, 경제, 생활방식의 변화시키는 개념으로 점차 확대되고 있다.

글로벌 기업들은 4차 산업혁명 시대의 융합 신시장의 주도권을 선점하기 위해 벌써 오래전부터 적극적으로 오픈 이노베이션을 활용하고 있다. 오픈 이노베이션이란 연구, 개발, 사업화 등 기술혁신의 전 단계에서 외부의 R&D 자원을 활용하여 효율성과 성과를 극대화하는 전략이다. 오픈 이노베이션은 4차 산업혁명의 기반이며, 경쟁력의 핵심으로 대두되고 있다.

우리 기업들이 급변하는 글로벌 산업환경에서 지속적으로 성장하고 'Time to Market'의 융합 신시장 확보 속도전에서 살아남기 위해서는 오픈 이노베이션에 뛰어들어야 하는 것이며, 이를 기반으로 4차 산업혁명의 탈출구를 찾을 수 있을 것이다.

4차 산업혁명은 한마디로 말하면 초연결, 초지능, 대융합 혁명이다. 제조기술뿐만 아니라 데이터, 현대사회 전반의 자동화 등을 총칭하는 것으로서 Cyber-Physical System과 IoT, 인터넷 서비스 등의 모든 개념을 포괄한다. 디지털, 물리적·생물학적 영역의 경계가 없어지면서 기술이 융합되는 인류가 한 번도 경험하지 못한 새로운 혁명을 말한다.

1차 산업혁명은 증기기관을 활용한 혁명이었고, 2차 산업혁명은 전기를 활용한 대량생산의 혁명이었으며, 3차 산업혁명은 인터넷을 활용한 디지털 혁명이었다.

4차 산업혁명 관련 핵심기술은 물리학기술, 디지털기술, 생물학기술로 구분할 수 있으며, 물리학기술은 무인운송수단, 3D프린팅, 로봇공학, 신소재 등을 말하며, 디지털기술은 사물인터넷(IoT), 빅데이터, 인공지능 등을 말한다. 생물학기술은 합성생물학등 유전공학과 스마트의료 등을 말한다.

4차 산업혁명은 기존의 산업혁명에 비해 속도, 범위, 시스템 영향에 있어 차별성을 나타내게 될 것이다. 초연결과 초지능은 인류가 경험하지 못한 속도로 진화될 것이 예상된다. 4차 산업혁명의 주역은 초지능, 초연결, 대융합의 산업 생태계를 구성하는 스마트 비즈니스이다. 스마트 비즈니스를 구성하는 하드웨어, 소프트웨어의 가치사슬은 자율주행차, 인공지능(AI), 로봇, 사물인터넷이 대표적이다.

4차 산업혁명이 대융합의 혁명이라고도 하는데, 대융합을 이루기 위한 3차 산업혁명의 시대, 즉 1980년대부터 2000년대 초반을 4차 산업혁명까지 이어 준 개방형 혁신, 즉 오픈 이노베이션의 이해가 필수적이다. 본 연구에서는 개방형 혁신, 오픈 이노베이션의 이론과 실제, 그리고 Apple, Google 등의 사례도 살펴보고자 한다.

4차 산업혁명에 대해서는 4차 산업혁명의 정의부터도 아직 발전하고 있다고 말하는 사람들이 많다. 오픈 이노베이션 및 오픈 이노베이션에서 급속히 발전된 4차 산업혁명의 연구가 향후 기술사업화의 핵심이 되어, 기술사업화가 개방형 혁신과 4차 산업혁명을 통해 내외부 기술과 정보가 자유롭게 유기적으로 활용되는 21세기 기술사업화 생태계를 이끌어 나가기를 바랄 뿐이다.

II. 오픈 이노베이션

2017년 한국의 경제 전망은 그리 밝지 않다. 정부는 '16년도 말 발표한 경제전망에서 2017년 경제성장률을 종전 3%보다 낮은 2.6%로 잡았다. 민간의 전망은 정부 전망보다 더 부정적이다. 포스코경영연구원은 '2017 경제전망' 보고서에서 2.4%로 경제성장률을 예상했다. 하지만 위기는 곧 기회다. 지금 4차 산업혁명으로 인공지능(AI) 기술 등이 정보통신(IT) 분야는 물론 유통, 제조업까지 다양한 분야의 기술 발전을 이끌고 있다.[1]

4차 산업혁명 시대에 기업이 생존하려면 어떤 역량을 가져야 할

---

1)   장주영, "기술혁신, R&D 확대로 '4차 산업혁명'이끌자", 2017.1.31, 중앙일보 기사

까? 우선 인공지능과 빅데이터 기술 등 기업에 필수 기술을 확보해야 한다. 두 번째는 오픈 이노베이션 역량이다. 4차 산업혁명은 인간과 기계, 현실세계와 가상세계의 융합 등 융합의 혁명이다. 포켓몬고는 포켓몬 게임이라는 가상세계가 증강현실(AR)을 통해 현실세계와 융합한 것이다. 융합의 시대는 정해진 제품의 범주, 경쟁의 경계, 고객 등 모든 것이 다 섞인다. 변화는 급격하고 지금 기업의 사업 영역은 사라질 수 있다. 기업이 살아남는 길은 조직의 경계를 허물고 오픈 이노베이션으로 외부 및 환경과 소통하면서 기업 및 기술을 끊임없이 혁신해야 한다.[2]

그러면 과연 오픈 이노베이션이란 무엇일까? 지금부터 오픈 이노베이션에 대해서 알아보기로 한다.

2.1. 오픈 이노베이션의 출현 배경

'개방형 혁신'이라고도 부르는 오픈 이노베이션(Open Innovation)은 조직 내부에 국한되어 있던 연구개발 활동을 기업 외부까지 확장하여 외부 아이디어와 R&D 자원을 함께 활용한 혁신성과 극대화

---

2) 전창록, "4차 산업혁명서 생존하려면 기업역량 3가지를 키워라", 2017.2.23, 한국경제 기사

전략의 추진을 의미한다. 과거에도 연구개발 아웃소싱이 있었지만 기술혁신의 전 과정에서 내·외부의 다양한 자원을 활용한 수익성을 추구하는 것으로 그 개념이 보다 확대 발전된 것이다. 오픈 이노베이션이란 용어를 2003년 최초로 사용한 사람은 버클리대학의 체스브로우(Chesbrough)교수이다. [그림 2-1]은 오픈 이노베이션의 주요 특징을 기존 혁신과의 비교를 통해 보여 주고 있다.[3]

[그림 2-1] 오픈 이노베이션의 주요 특징

과거 이노베이션	오픈 이노베이션
1. 외부 지식은 보완적 역할	1. 내부 지식과 외부 지식을 동일한 중요도로 취급
2. 연구 인력 개인의 천재성이 중심	2. R&D 결과를 상업화하기 위한 사업 모델이 중심적 역할
3. Type 1 에러만 고려	3. R&D 과제평가 시 Type I (False Positive) Type II (False Negative) 에러를 모두 고려
4. 지식/기술의 외부 유출을 엄격히 통제	4. 내부지식 및 기술의 외부 유통을 장려
5. 가치 있는 기술은 외부에서 구할 수 없고, 구할 수 있는 지식은 가치가 없다고 가정	5. 가치 있는 지식이 외부에 풍부히 존재하는 것을 가정
6. 지적재산권은 방어적인 역할, 지식 유통의 수단	6. 적극적인 지적 재산권의 활용
7. 지식교환은 당사자간 직접적인 형태	7. 지식 중계상의 등장 (Innocentive, Yet2, NineSigma)
8. R&D 비용 당 특허 수 등 전통적 지표	8. 새로운 R&D 역량 및 성과 평가 지표 (기업가치 시술 내에서 수행된 R&D 비중, 외부지식을 활용한 R&D 비중, 연구에서 출시까지 소요시간, 기업소유특허의 활용비중 등)

자료: 헨리 체스브로우, 오픈 비즈니스 모델, 플래닛, 2009.11 내용을 요약

---

3) 이철원, "개방형 혁신 패러다임으로 경제발전의 효율성을 높이자", 과학기술정책 MayJun, STEPI, 2008.6, 23~27page

오픈 이노베이션은 기존의 조직 내부만의 폐쇄형 혁신(Closed Innovation)의 한계점을 극복하기 위한 새로운 패러다임으로 등장하였다. 과거 폐쇄형 혁신에서도 연구개발 아웃소싱은 있었지만 외부기술 자체에 대한 불신 및 정보의 부족으로 혁신은 소극적으로 추진되었다. 하지만 1970년에 설립된 미국 제록스사의 팔로알토연구소(PARC: Palo Alto Research Center) 사례에서 알 수 있듯이 폐쇄형 혁신 체제하에서는 애써 개발한 자사의 우수 성과가 외부로 유출되어 기업 입장에서는 투자의 성과를 얻기 힘들다는 한계가 드러나게 되었다. 개인용 컴퓨터의 핵심기술(graphic user interface 기술, mouse, window 등) 대부분과 레이저 프린팅 기술, 근거리 무선통신(LAN) 기술 등이 모두 제록스사의 팔로알토연구소에서 최초로 만들어진 성과라는 사실을 아는 사람은 그리 많지 않다. 그 이유는 그 기술이 IBM, Apple, HP 등과 같은 타사에서 상용화되었기 때문이다.

제록스사의 팔로알토연구소에는 우수 연구인력과 최고의 연구관리시스템이 구비되어 있었지만, 대부분의 연구소와 같이 연구소의 모든 성과를 다 상용화할 수 있는 재정적 여력이 없었다. 따라서 팔로알토연구소 경영진은 고객을 연구소에 초대하여 그들이 관심을 보이는 성과를 우선적으로 상용화시키는 소위 '수요지향적' 사업화전략을 추진하였다. 그러나 당시 제록스사의 고객은 대부분 복사기 관련 업체들이었고, 그러다 보니 복사기와 관련성이 적은 새로운 혁신성과는 상용화를 위한 투자지원을 회사로부터 받기 어렵게 되었다. 그러나 당시 실리콘밸리 팔로알토 지역은 신기술 창업인프라가 확립되었고 벤처캐피털 또한 왕성한 투자를 하고 있었다. 우수 기술 개발성과를 만들어 냈음에도 회사로부터 상용화의 지원을 받지 못한 연구원들이 벤처캐피털의 도움으로 창업을 할 수 있는 여건이 구비되어 있었던 것이다.

우수 기술의 가치를 판단한 벤처캐피털들은 금전적 투자뿐 아니라 경영 전반에 걸쳐 다양한 지원과 자문을 통해 신기술 창업의 성과를 극대화시켰다. 그 결과 제록스사의 혁신적 연구 성과는 제록스가 아닌 다른 회사에서 꽃을 피우게 되어 제록스사는 자신이 투자한 성과의 과실을 충분히 누리지 못하고 제3자에게 넘겨줄 수밖에 없는 손실을 겪게 된 것이다. 제록스사의 사례는 모든 기술개발 성과가 모두 회사 내부에서 상용화되는 것이 아니라는 것을 보여주고 있다. 자체 연구개발만을 추구했던 회사들도 이제는 외부 기술의 획득을 통한 사업화를 보다 적극적으로 검토하게 되었다. 자체연구개발은 회사의 고유 영역에 집중하고 외부의 기술을 활용함으로 전체적인 연구개발 투자부담을 줄이면서 동시에 성과를 극대화하는 오픈 이노베이션의 시대가 열린 것이다.

2.2. 오픈 이노베이션 도입 필요성

최근 한미약품, 삼성전자 등의 사례가 알려지면서 오픈 이노베이션(open innovation)의 개념이 부상하면서 많은 기업에서는 오픈 이노베이션의 선택 여부를 놓고 많이들 고민하고 있는 것으로 알고 있다. 결론부터 이야기하면 오픈 이노베이션은 선택의 이슈가 아니라 이제는 피할 수 없는 흐름으로 본다. 더구나 지금은 오픈 이노베이션을 통한 기술사업화 대상이 4차 산업혁명에 의해 무한대로 확대된 실정이므로 필요한 기술 확보를 위한 오픈 이노베이션은 대세인 것이다. 체스브로우교수는 오픈 이노베이션이 피할 수 없는 대세임을 기술혁신의 경제학적 관점에서 설명하고 있다([그림 2-2] 참조).

[그림 2-2] 오픈 이노베이션 필요성

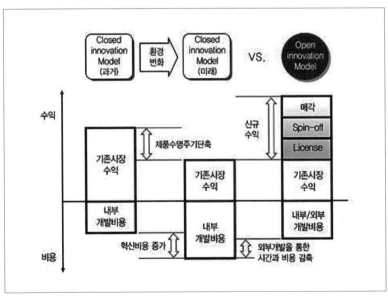

자료: 헨리 체스브로우, 오픈 비즈니스 모델, 플래닛, 2009.11 51page

과거 1980년대 조직 내부만의 연구개발시스템이 큰 문제없이 작동했던 배경은 개발비용을 상회하는 영업이익의 창출이 가능했기 때문이다. 제품의 수명주기도 길었고, 연구개발비용 또한 상대적으로 크지 않았다. 그러나, 기업 간 신제품 개발경쟁의 가속화로 시장에서 성공한 제품도 그 수명이 갈수록 짧아지고 있으며, 동시에 개발비용은 천문학적 규모로 증가하고 있어 기술혁신의 경제적 타당성이 위협을 받게 되었다.

　　일례로 제약산업의 경우, 신약개발 비용이 기하급수적으로 증가하여 단일기업이 개발비용 모두를 부담하기 어려운 상황이 되었다. 관련 통계에 따르면, 1987년에서 2001년까지 약 15년간 다국적 제약업계 R&D 비용이 연평균(CAGR) 247%씩 증가한 것으로 조사되었다. 신약제품의 안정성과 효능에 대한 검증수요가 증가하였고, 그러다 보니 임상연구의 규모 및 과정의 복잡성이 크게 증대되었기 때문이다. 또 다른 예를 들어 보자. 면도기회사인 질레트의 3중날 면도기인 '마하 3'의 경우도 총개발비용이 7.5억불이 들었다고 한다. 신상품 개발비용은 실패할 경우 회사의 생존이 위협을 받을 수 있는 수준까지 증대되었다. 2006년 영국의 R&D Scoreboard 자료에 의하면, 매출대비 R&D 투자비중이 영업이익 비중과 거의 같아져서(특히 정보통신하드웨어산업과 자동차산업의 경우) 내부R&D 투자는 이미 그 한계치에 도달한 것으로 조사되었다. ([그림 2-3] 참조).

　　이와 같은 상황하에서 연구개발비용 절감을 위한 외부기술 대안의 검토는 선택이 아니라 필수 요건이 되고 있다. 비용적 측면 외에도 오픈 이노베이션 전략을 활용하는 경우 시간도 적게 들고 품질 또한 일정 수준 이상으로 보상받을 수 있다는 장점이 있다. 이외에도 오픈 이노베이션은 수익증대 측면에서도 긍정적 효과를 기대할 수 있다. 보유하고 있는 기술자산의 판매, 라이선스 등으로 별도의 수익을 창출할 수도 있기 때문이다.

[그림 2-3] 06년 영국기업들의 R&D 투자비중 대비 영업이익비중

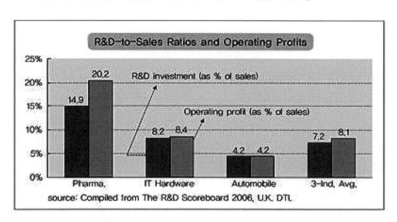

* 자료 : 복득규, "개방형혁신의 확산과 국가혁신시스템", 과학기술 혁신정책 워크숍 발표자료, 2007. 8. 14

오픈 이노베이션의 장점을 좀 더 구체적으로 살펴볼 필요가 있다. [표 2-1]에 세부적인 내용을 요약하였는데, 가장 핵심은 혁신의 성공률을 높일 수 있다는 점이다. 오픈 이노베이션은 시장에서 필요한 기술사양을 아주 구체적으로 정하고 그 요구조건을 가장 잘

II. 오픈 이노베이션

충족시켜 주는 기술적 솔루션을 찾는 것이다. 연구개발을 통한 시제품을 만들고 그것을 다시 시장에 진입시키는 기술혁신을 순방향 기술혁신이라면, 최근 부상하고있는 오픈 이노베이션은 대체로 역방향 기술혁신 방식을 활용한다. 역방향 기술혁신, 즉 시장수요 지향적(Need pull) 기술혁신과의 차이점은 오픈 이노베이션에서는 불특정 다수의 기술의 공급자를 최대한 활용한다는 점이다. 시장성이 검증된 기술인 만큼 제대로된 글로벌 시장에서 기술의 공급자만 찾으면 혁신에 성공할 수 있다는 것이다.

[표 2-1] 오픈 이노베이션의 장점

1. 개발 아이디어에서 시장상용화까지의 시간을 단축시킨다.
2. 오픈 이노베이션의 성공률이 높다.
- 혁신의 위험을 줄일 수 있다.
3. R&D 원가를낮출 수 있다.
4. 시장에서 원하는 것에 대한 추측의 위험을 줄일 수 있다.
- 시장과 사회에서 그들이 원하는 것을 먼저 말하게 한다.
5. 여러 곳에서 많은 사람들이 만들어 낸 성과를 활용한다.
- 최상의 아이디어가 조직밖의 제3자로부터 나오는 경우가 있다.
6. 내부R&D 활동을 강화시켜 주는 보완적 자산으로 활용할 수 있다.
- 전 세계에 흩어져 있는 가상연구실(Virtual Lab)을 활용할 수 있다.

2.3. 오픈 이노베이션의 개념

'오픈 이노베이션'이라는 용어를 처음 도입한 체스브로우 (Chesbrough) 교수는 오픈 이노베이션의 개념을 다음과 같이 요약하고 있다. 오픈 이노베이션은 기업이 안으로의 지식 흐름(inflow)과 밖으로의 지식 흐름(outflow)을 적절히 활용하여 내부의 혁신을 가속화하고 혁신의 외부 활용 시장을 확대하는 것이다. 오픈 이노베이션은 기업들이 내부 아이디어뿐 아니라 외부 아이디어도 활용할 수 있고, 또 활용해야 하며, 자사의 기술을 상업화하여 시장에 진출할 때 내부뿐 아니라 외부 경로도 사용할 수 있고, 또 사용해야 함을 전제하는 혁신 패러다임이다.

오픈 이노베이션 과정은 내부와 외부 아이디어를 결합하여 아키텍처와 시스템을 구현한다. 이 아키텍처와 시스템에 대한 요구 사항은 비즈니스 모델을 통해 정의된다고 체스브로우 교수는 보고 있다. 비즈니스 모델은 내부와 외부 아이디어를 활용하여 가치를 창출하고 그 창출된 가치의 일부를 자사의 몫으로 전유하기 위한 내부 메커니즘을 정의한다. 오픈 이노베이션은 부가가치를 창출하기 위해 내부 아이디어가 외부 경로, 즉 기업의 기존 비즈니스 모델 밖에 있는 채널을 통해 시장으로 나갈 수 있음을 전제한다.[4]

---

4) 김석관, "Chesbrough의 개방형 혁신 이론", 과학기술정책 SepOct, STEPI, 2008.10, 2~15page

체스브로우 교수는 폐쇄형 혁신(closed innovation), 즉 과거 이노베이션과의 비교를 통해 오픈 이노베이션 개념을 설명하였다. 연구, 개발, 상업화의 과정이 단일 기업 내에서 모두 이루어지는 방식을 폐쇄형 혁신, 과거 이노베이션이라고 한다면, 개방형 혁신, 오픈 이노베이션은 각 단계마다 기업 내부와 외부 사이의 지식 교류가 원활하게 이루어져서 외부의 기술이 기업 내부로 도입되거나, 그 반대로 기업 내부의 기술이 외부의 다른 경로를 통해 상업화되는 방식들을 모두 포괄한다([그림 2-1] 참조).

체스브로우가 제시하는 사례들을 보면 연구, 개발, 상업화에 이르는 일련의 기술혁신 과정에서 기업 내부와 외부 사이에 일어나는 모든 형태의 지식 교류 활동이 오픈 이노베이션에 포함되는 것을 알 수 있다. 그의 논지를 따른다면 어떤 활동을 오픈 이노베이션으로 볼 것이냐는 두 가지 기준에 의해 결정된다. 첫째는 그것이 기술혁신 과정에 속해야만 한다는 것이고, 둘째는 외부와의 교류가 있어야 한다는 것이다. 이 두 조건을 동시에 만족시키는 활동은 모두 오픈 이노베이션이라고 볼 수 있다.

[그림 2-4] 과거 이노베이션과 오픈 이노베이션

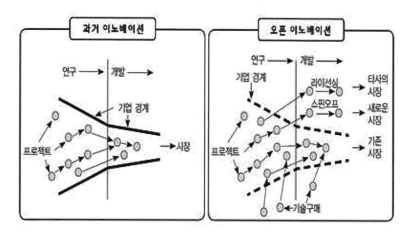

* 자료: H. W. Chesbrough, Open innovation : the new imperative for creating and profiting from technology. Harvard Business School Press, 2003

이 두 조건에 부합하는 오픈 이노베이션의 구체적 형태들을 열거하면, 외부 기술의 구매(licensing-in), 외부 산학연 기관과의 공동연구, 타 기업과의 공동 기술개발을 위한 합작 벤처(joint venture) 설립, 신기술 탐색과 도입을 위한 벤처 투자, 신기술 도입을 위한 벤처기업 인수, 내부 기술 자산의 외부 판매(licensing-out), 내부 기술의 사업화를 위한 기술이전사업화, 분사화(spin-off) 지원, 기술적 문제 공개를 통한 해결책 공모(인터넷 중개 사이트 활용 포함), 집단 지성(collective intelligence)을 활용한 지속적인 개선(예: open source s/w), 개발툴 공개 및 사용자 피드백 반영을 통한 사용자 혁신(user innovation) 등을 생각할 수 있다.

2.4. 오픈 이노베이션의 유형

2.4.1. 내향형 혁신과 외향형 혁신

체스브로우는 오픈 이노베이션 활동을 크게 "내향형(outside-in)" 혁신과 "외향형(inside-out)" 혁신으로 분류했다. 전자는 기업이 기술 혁신 과정에서 외부로부터 기술이나 아이디어를 얻는 것을 가리키며, 후자는 기업이 기술을 외부로 내보내서 자사의 기존 비즈니스 모델이 아닌 다른 경로의 상업화를 모색하는 것을 의미한다. 체스브로우는 구체적으로 어떤 활동들이 이 두 유형에 속하는지를 명시적으로 정리하지는 않았지만, 다음 [표 2-2]과 같이 정리할 수 있다.

[표 2-2]에는 오픈 이노베이션의 구체적 사례를 예시하기 위해 그 종류들을 비교적 세분화해서 정리하였는데, 실제 기업의 혁신 활동에서는 두 가지 이상의 오픈 이노베이션 활동이 연쇄적으로 일어나기도 한다. 예를 들어, 기술 탐색을 위해 벤처기업에 소규모 지분 투자를 한 후에 해당 벤처기업의 보유 기술이 유망하다고 판단될 경우 특허권을 구매(license-in)할 수도 있다. 대학에 대해서도 연구소를 세워 주거나 대규모 연구비를 일괄 지원하는 형태로 장기 지원 협약을 맺은 후에 유망한 연구 성과가 나오면 후속 공동연구를 추진하기도 한다. 또한 인터넷 등을 통해 특정한 기술적 문제의 해결책을 공모한 후 여기에 응모한 해결책에 대해 추가 연구가

필요할 경우 응모자와 함께 공동개발을 추진하기도 한다. 신약 개발 과정이 모듈화되어 있는 제약산업의 경우는 신약 후보물질의 구매와 판매가 매우 빈번하게 일어나서, 벤처기업이 대학에서 초기 후보물질을 구매(license-in)한 다음 전임상이나 임상 초기까지 개발을 진행시켜서 부가가치를 높인 후에 다시 거대 제약회사에 판매(license-out)하는 경우도 많다.

[표 2-2] 오픈 이노베이션의 유형과 종류

유형	종류	내용	비고
내향형 혁신	기술 구매	금전적 계약을 통해 외부의 기술을 구매	특허권 라이선싱이 대표적
	공동 연구	외부 기관과 공동으로 기술개발 프로젝트를 추진	보통 지적재산권의 공유를 수반
	연구 계약	특정 요소기술 확보나 시험평가를 위해 외부 기관에 연구용역을 의뢰	지적재산권의 공유는 없으며, 신약 개발에서 CRO가 대표적
	장기 지원 협약	대학 등과 연구 성과 사용에 관한 협약을 맺고 대규모 연구비를 일괄 지원	보통 발생하는 특허의 지분이나 우선 실시권을 기업이 얻는 조건
	합작 벤처 설립	타사와 공동으로 벤처기업을 설립하고 특정 기술의 사업화를 추진	합작 벤처는 제품 개발 완료 후 매각/인수를 통해 소멸되기도 함
	벤처 투자	신기술 탐색이나 우선 실시권 확보를 위해 벤처기업에 지분을 투자	다른 벤처캐피털과 협력하거나 직접 벤처캐피털을 설립
	기업 인수	유망 기술의 도입을 위해 기술을 보유한 기업을 인수	시스코, 파이자 등이 사용하는 대표적 기업
	해결책 공모	기술적 문제를 인터넷 등을 통해 전문가들에게 공개하고 해결책을 공모	NineSigma 등 전문 사이트 활용
	사용자 혁신	사용자에게 개발 툴을 제공하거나 사용자의 피드백을 받아서 신제품 개발	의료기기, 게임, 완구 등이 대표적
	집단 지성 활용	다수 전문가들의 자발적 참여를 통해 하나의 기술에 대한 지속적 개선 추구	기술의 사적 소유권을 불인정, open source S/W가 대표적

II. 오픈 이노베이션

외향형 혁신	기술 판매	자사의 기술을 판매하여 타사의 비즈니스 모델을 통해 사업화	기업 내에 사장된 휴면 특허를 파는 경우가 대부분
	분사화	자사의 현재 비즈니스 모델로는 사업화가 어려운 기술에 대해 벤처기업을 설립하여 사업화를 추진	미활용 기술의 사업화, 사업 다각화 모색, 신성장동력 사업 창출 등이 목적

체스브로우는 기업들이 점점 더 오픈 이노베이션을 확대하고 있고 또 확대해야만 하는 이유로 기업을 둘러싼 지식 환경의 변화를 들고 있다. 21세기에 진행되고 있는 지식 환경의 변화는 다음과 같이 세 가지로 요약된다.

◆ 대기업의 지식 독점 종언

첫째, 대기업의 지식 독점이 끝나고 대학, 벤처기업, 외국 기업 등으로 지식 창출의 원천이 다양해졌다. 체스브로우에 따르면, 과거에는 대기업이 신제품을 개발하거나 새로운 기술혁신을 시도할 경우 기초연구 부문에서 도움을 받을 만한 외부의 주체가 마땅치 않았다. 그 결과 대기업들은 중앙연구소 체제를 구축하고 소재와 부품에 관한 기초연구부터 제품화 및 생산기술에 이르기까지 기술 개발의 모든 과정을 독자적으로 해결해야만 했다. 이렇게 기초연구부터 제품 개발까지 모든 과정을 담당하는 대기업 중앙연구소 체제는 상당한 성과를 거두었고, 오랫동안 상업적 기술 개발 활동의 전형으로 간주되었다. 그 결과 적어도 20세기 전반부까지, 그리고 길게 보면 1980년대까지도 대기업 연구소가 기초/응용/개발 연구를 모두 포괄하는 산업 혁신의 중심지였다. 기업이 아닌 국가 차원에서는 1966년 KIST가 창설되었으며, 1970년 ADD가 창설되면서 산업계에 대한 기술지원과 선진기술을 개발하는 출연연구기관의 산업용 기술연구개발이 시작된 것이다.

그러나 2차 세계대전 이후 급속히 확대된 미국 정부의 기초연구 투자 및 대학 육성의 결과로 대학을 중심으로 한 공적 지식 기반이 매우 탄탄해졌고, 여기에 더하여 1980년대 이후에는 독창적 기술을 지닌 벤처기업도 증가하면서 기업 외부의 지식 원천이 너무나 다양해지고 풍부해졌다. 우수 인력들도 과거에는 삼성, 현대, LG 같은 대기업 중앙연구소에 집중되었으나, 이제는 대학의 연구실과 벤처기업, 외국 기업들에도 우수한 인적 자원이 풍부하게 분포하고 있다. 특히 대학의 연구실에는 외국에서 유학 온 우수한 대학원생들과 박사후 연구원들이 탄탄한 인적 기반을 형성하고 있다. 이러한 변화로 인해 이제 대기업들은 자사의 연구 역량이 최고이고 외부에서는 도움을 받을 필요가 없다는 우월감에서 벗어나 "똑똑한 사람들이 우리 회사에만 있는 것은 아니다"라는 현실을 직시해야만 한다. 또한 기업이 활용할 수 있는 새로운 혁신의 원천과 지식들이 세계의 다양한 주체들에게 분포되어 있는 현실은 외부의 지식 환경에 더 개방적일 것을 요구하고 있다.

◆ 인력 유동성의 증가 및 벤처캐피털의 발달

둘째, 인력 유동성의 증가와 벤처캐피털의 발달로 인해 지식 확산이 가속화되고 기술사업화의 채널도 다양해졌다. 인력 유동성의 증가는 우선 그 자체로 인적 자원에 체화된 지식의 확산을 촉진시킨다. 기존 대기업에서 근무하던 연구 인력이 회사를 옮기면 그 사람을 통해 기업 내의 지식과 노하우도 함께 옮겨 가기 때문이다. 이 과정에서 신생 기업들은 자신이 투자하지 않은 인적 자원과 지식을 얻고 경제 전체는 지식 확산을 통해 활력을 얻지만 기존 대기업들은 인력과 지식이 유출되는 손실을 입기도 한다. 이러한 현상의 증가는 기업의 폐쇄적인 인적 자원 관리 및 지식 관리 방식을 재고할 필요성이 있음을 의미한다. 인력의 이동은 기업이 통제할 수 있는 현상이 아니기 때문에 기업들은 이제 인력 유동성을 전제로 하는 개방적인 지식 관리 체계를 구축할 필요가 있는 것이다.

인력 유동성의 증가가 지니는 더 중요한 함의는 그것이 벤처캐피털의 발달과 맞물려서 기술 사업화의 채널을 확대시켰다는 데 있다. 과거에는 대기업의 연구소에서 나온 연구 결과가 그 기업의 비즈니스 모델에 부합하지 않으면 제품 개발로 이어지지 못하고 연구와 개발 사이에 있는 "선반"에 놓여 있다가 그대로 사장되기 일쑤였다. 이 경우 그 기술을 처음 개발했던 연구자는 자신의 연구 성과가 "선반" 위에서 도태되어 가는 것을 그냥 보고만 있어야 했다. 그러나 미국에서 벤처기업 문화가 발달하고 벤처캐피털이 풍부해지면서 상황이 급변했다. 자신의 연구 결과가 회사 내에서 사업화되지 못할 경우에 그것을 가지고 과감히 회사를 나가 벤처기업을 창업하고 독자적으로 사업화를 시도하는 사례가 빈번해진 것이다. 벤처캐피털이 풍부하고 인력 유동성이 높은 미국적 환경은 벤처기업의 창업과 성공을 보다 용이하게 해 주었다. 창업자들은 자금력이 풍부하고 경영에 관한 지원까지 해 주는 벤처캐피털의 도움을 받을 뿐 아니라, 기존 기업에서 훈련을 받고 충분한 경험을 쌓은 우수 경력자들을 좋은 조건의 스톡옵션을 통해 채용할 수 있기 때문이다.

이렇게 벤처 창업에 우호적인 지식 환경으로 인해 기존 기업의 기술 아이템이 spin-off 기업을 통해 상업화되는 경우가 빈번해지면서 대기업들은 기술의 상업화 경로를 독점할 수도 없고, 우수 연구 인력을 계속 붙잡아 둘 수도 없게 되었다. 이러한 현상의 확산은 대기업의 중앙연구소를 중심으로 유지되어 오던 자기중심적이고 폐쇄적인 기술혁신 과정과 이에 연결된 인력 관리 및 지식 관리 체계가 더 이상 기업의 욕구대로 존속되기 어려워졌음을 의미한다. 기업은 자신의 의사와 상관없이 자사의 기술혁신 과정, 특히 기술사업화 과정이 이미 개방되는 것을 경험하고 있는 것이다.

◆ 기술 개발 비용의 증가 및 제품 사이클의 축소

셋째, 기술 개발 비용은 증가하는 반면 제품 수명 주기는 줄어들어서 혁신의 수익성이 악화되고 지속 가능한 혁신 사이클이 위협받고 있다. 기술 개발 비용의 증가는 모든 분야의 공통적인 현상이다. 반도체 분야에서 인텔은 2006년에 새로운 fab들을 건설하겠다고 발표하였는데, 각 fab의 건설 비용은 30억 달러였다. 20년 전만해도 새로운 fab 건설할 때 이 비용의 1%면 충분했었다. 소비재 분야에서 P&G는 10년 전 여성 용품 브랜드 Always를 개발할 때 1천만 달러가 소요되었으나, 지금은 비슷한 브랜드를 개발하는 데 2천~5천만 달러가 소요된다고 한다. 제약산업에서도 신약 개발 비용의 상승은 기하급수적이어서, 2000년에 1개의 신약을 개발하는 데드는 비용은 총 8억 달러에 달했다. 이는 10년 전의 두 배가 넘는 액수이다.

비용은 증가하지만 제품 사이클은 계속 짧아져서 기업이 혁신에 성공하고 시장에서 지배적 디자인으로 자리 잡더라도 혁신 성과를 독점할 수 있는 기간이 점점 단축되고 있는 실정이다. 기술 변화가 빠른 정보기술 산업의 경우를 보면, 1980년대 초 하드디스크 드라이브 기업은 기술 경쟁에서 승리할 경우 적어도 4~6년 동안 제품을 판매할 수 있었다. 그러나 1980년대 말에는 이 기간이 2~3년으로 줄었고, 1990년대에는 6~9개월로 줄었다. 6개월마다 새로운 제품이 출시되는 핸드폰 시장은 일반 소비자도 짧아진 제품 사이클을 피부로 느낄 수 있는 대표적인 시장이다. 기술 개발 기간이 매우 긴 제약산업의 경우도 시장 독점 기간이 줄기는 마찬가지이다.

1960년대에는 새로운 약물 표적에 대한 신약이 개발되면 적어도 10년 이상 시장 독점을 유지할 수 있었지만, 1980년대에는 그 기간이 4~5년으로 줄었고, 1990년대 말에는 1년 미만으로 축소된다.

기술 개발 비용이 증가하고 제품 사이클이 단축되면서 기업은 기존의 혁신 사이클을 유지하는 데 상당한 압박을 받고 있다. 혁신의 비용 증가와 수익 악화는 혁신 → 수익 창출 → 기술 개발 투자 → 혁신으로 이어지는 기존 혁신 사이클의 지속 가능성을 위협하고 있다. 제약산업의 경우 지난 25년간 연평균 매출 증가율은 11%인 반면, R&D 비용의 연평균 증가율은 15%였다. 이는 혁신의 경제학이 지속 가능하지 않음을 의미하는 수치이다. 따라서 이러한 상황을 타개하기 위해서는 현재의 혁신 모델에서 비용은 줄이고 수익은 더 창출하는 새로운 혁신 모델을 찾아야만 한다. 이것은 기업 혁신의 지속 가능성을 좌우한다는 점에서 모든 기업에게 주어진 숙명인 것이다.

2.4.2. 오픈 이노베이션으로의 전환

위와 같은 지식 환경의 변화로 인해 이제 폐쇄형 과거 이노베이션이 기업 혁신의 전형이던 시대는 지나가고, 오픈 이노베이션의 시대가 도래했다. 즉, 현재 이러한 변화가 일어나고 있으며 기업들이 최근의 지식 환경 변화에 적절히 대응하기 위해서는 더 늦기 전에 서둘러 오픈 이노베이션 모델을 도입해야 하는 것이다.

[표 2-3] 과거 이노베이션과 오픈 이노베이션의 기본 원리와 특징

구분	과거 이노베이션	오픈 이노베이션
기본 원리	우리 분야의 똑똑한 사람은 모두 우리 회사에서 일한다.	똑똑한 사람이 모두 우리 회사에서 일하는 것은 아니다. 회사 내부뿐 아니라 외부의 우수 인력들과도 함께 일할 필요가 있다.
	R&D에서 수익을 얻으려면 우리 회사가 직접 발명, 개발, 판매를 모두 담당해야 한다.	외부의 R&D도 중요한 가치를 창출할 수 있다. 내부 R&D는 그 가치의 일부를 회사가 전유하기 위해 필요하다.
	우리가 발명한 기술이라면 시장에 처음 진출하는 것도 우리가 직접 해야 한다.	연구 성과에서 수익을 얻기 위해 그것을 꼭 우리가 연구해야만 하는 것은 아니다.
	혁신을 시장에 처음 도입하는 회사가 승리한다.	시장에 먼저 진출하는 것보다 더 좋은 비즈니스 모델을 구축하는 것이 더 중요하다.
	산업 내에서 우리 회사가 최선의 아이디어를 창출하면 우리가 이길 것이다.	우리 회사가 내부와 외부 아이디어를 가장 잘 활용하면 우리가 이길 것이다.
	우리는 우리의 지적재산을 직접 관리해서 경쟁자가 우리의 아이디어로부터 수익을 얻지 못하도록 해야 한다.	우리의 지적재산을 타사가 활용하는 것에서 수익을 얻고, 타인의 지적재산이 우리의 비즈니스 모델을 발전시킨다면 그것을 구매해야 한다.
주요 특징	주요 산업: 핵발전, 메인프레임 컴퓨터	주요 산업: PC, 영화
	대부분 내부 아이디어 사용	많은 외부 아이디어 사용
	낮은 인력 유동성	높은 인력 유동성
	적은 벤처캐피털	풍부한 벤처캐피털
	소수의 취약한 창업 기업	많은 창업 기업
	대학의 중요성 미미	대학의 중요성 증대

[표 2-3]과 같이 두 종류의 혁신 모델을 비교하면서 기업들의 혁신 활동과 그것을 둘러싼 지식 환경이 점점 오픈 이노베이션의 원리와 특징에 부합하는 것을 알 수 있다. 과거 기업 연구소 혹은 정부출연연구소가 혁신이 중심이던 때에는 '우리 분야의 똑똑한 사람은 모두 우리 회사에서 일한다'고 자부할 수 있었다. 외부 지식을 믿을 수 없었기 때문에 새로운 발명, 개발, 판매의 혁신 과정을 모두 독자적으로 추진했다. 경쟁에서 이기기 위해서는 스스로 최선의 아이디어와 기술을 개발해 내야 했고, 비즈니스 모델보다는 시장 진출 시기가 더 중요했으며, 지적 재산들은 경쟁자가 활용하지 못하도록 방어적으로 관리했다.

그런데 지금은 환경이 바뀌어서 우수한 인력들이 회사 내부뿐 아니라 외부에도 많이 있고, 지식의 원천도 다양해졌으며, 인력 유동성 증가와 벤처캐피털의 발달로 사업화의 경로도 다양해졌다. 그 결과 외부의 우수 인력과 함께 일하는 것이 필요해졌고, 외부의 지식을 활용하여 가치를 창출하는 것이 중요해졌다. 여기서 관건은 내/외부의 지식을 엮어서 가치를 창출하고 그 가치 중 일부를 자사의 몫으로 전유할 수 있는 좋은 비즈니스 모델을 구축하는 것이다. 다양해진 사업화 경로를 활용하기 위해 지적 재산의 관리도 방어적에서 공격적으로 변하였다. 우리 기술을 가지고 더 많은 부가가치를 창출할 수 있는 비즈니스 모델이 있다면 그곳에 우리 기술을 파는 것이 타당한 전략인 것이다.

[표 2-4] 과거 이노베이션과 오픈 이노베이션 하에서의 기업활동

	과거 이노베이션	오픈 이노베이션
조직 문화	"Not invented here" / "We can do it, we will do it"	Best from anywhere: good ideas are widely distributed
핵심 역량	– 수직 통합된 제품 개발 역량 – 우수 인재 확보	– 핵심 역량의 세분화와 집중 – 협력 파트너 탐색 및 관리 능력
시장 전략	First mover advantage: 시장 선점 후 지배	시장 선점은 필요조건도, 충분조건도 아님– 비즈니스 모델이 중요

R&D의
역할
	– 연구, 개발 과정의 주도적
	  수행
	– 원천 기술의 창출
		– 외부 지식의 탐색 및 중개
		– 내부 연구를 통한 흡수
		  역량 강화

IP
전략
	– 방어적: 지식재산의 침해
	  방지에 초점
	– 휴면 특허의 사장
		– 공격적: 비즈니스 모델에
		  따라 매도/매수
		– 휴면특허의 적극적 라이선싱

고객의 역할	수동적 수용자	– 능동적 평가자 및 공동개발자 – 고객 네트워크를 구축을 통한 시장 지배

공급
사슬
	– 부품, 소재의 단순 공급자
	– 주로 거래 관계
		– 혁신의 성과/위험, BM을
		  공유하는 파트너
		– 공급 네트워크와 함께 혁신
		  생태계 구축

◆ 오픈 이노베이션 기술사업화

체스브로우는 내향형 개방과 외향형 개방에 대해 모두 말했지만, 그가 특히 집중 강조한 곳은 외향형 개방 쪽이다. 즉, spin-off를

통한 기술 사업화와 지적 재산(IP)의 판매에 많은 관심을 보였고 논의의 대부분을 할애하였다. 그는 기술사업화 과정을 개방하여 기업 내/외부의 다양한 경로들을 활용해야 함을 강조하였다. 그의 관심이 기술사업화에 집중된 것은 그의 실무 경험 및 이전의 연구 궤적과 관련이 있다. 여기서는 그의 논의의 맥락과 특징적 요소를 이해하기 위해 그의 이력과 Xerox의 팔로알토연구소에 대한 그의 사례 연구를 살펴보려고 한다. Xerox 사례는 그가 오픈 이노베이션 모델을 제안하게 된 직접적 계기라고 할 수 있기 때문에 살펴볼 필요가 있다.

체스브로우의 이력을 보면 그는 실무 경험과 학문적 연구 두 측면에서 모두 벤처기업, 벤처캐피털, 비즈니스 모델 등 주로 기술 사업화 분야에서 활동하고 연구해 왔다. 우선 실무 경력을 보면 그는 학부 졸업 후 컨설팅 회사 Bain and Company에서 잠시 일했고('79-'81), MBA 졸업 후 박사과정 진학 전까지 Quantum Corporation에서 8년간 근무하며 실무 경험을 쌓았다('83-'90). 이 회사는 IBM spin-off로 출발해서 Fortune 500대 기업으로 성장한 hard disk drive 업체로, 그가 마지막에 담당한 업무는 Plus Development라는 자회사의 마케팅 및 비즈니스 개발 담당 부사장이었다.

그리고 정확한 시기는 명시되지 않았지만 신경질환 분야의 벤처펀드인 NeuroTherapy Ventures의 설립에도 참여한 것으로 보인다.

이러한 그의 경력을 보면 그가 벤처 창업, 벤처캐피털, 비즈니스 모델 개발 분야에서 충분한 실무 경험을 쌓았음을 추정할 수 있다.

학문적 측면에서 보면 그가 발표한 연구 성과들은 크게 네 가지로 나눌 수 있는데, 모두 그의 이전 실무 경험과 직간접으로 연결된다고 볼 수 있다. 첫째, 박사 학위 논문인 hard disk drive 산업에 관한 연구에서 파생된 것들이다. 그는 우선 Quantum에서의 경험을 토대로 hard disk drive 산업에 관한 학위 논문을 작성하고, 이를 바탕으로 관련 논문들을 발표하면서 학자로서의 경력을 시작하였다. 그는 modularity에 대한 논문도 두 편 발표하였는데, 이 역시 hard disk drive 산업 연구에서 파생된 것으로 볼 수 있다.

두 번째, 실무형 저널에 발표한 corporate venture에 관한 글로 여기서는 기존 기업이 새로운 비즈니스 모델을 위해 벤처기업을 창업하고 보육하는 것을 다루었다. 주로 Lucent 사례를 중심으로 기존 기업이 벤처캐피털의 보육 방법론을 도입하는 것에 초점이 맞추어져 있다. 이 글들 역시 Quantum이 자회사로 설립한 벤처기업 Plus Development를 경영했던 그의 경험이 반영된 것으로 보인다.

세 번째, 그가 박사 논문 이후 수행한 첫 학술적 연구이자 경험적 연구로, Xerox의 팔로알토연구소에서 spin-off된 벤처기업들을 추적한 사례 연구이다. 여기서는 Xerox가 팔로알토연구소에서 spin-off된 벤처기업들을 잘 관리하지 못해서 좋은 신사업 기회들을 놓친 이야기를 다루었다. 이 연구들은 위의 corporate venture에 관한 연구들과 동일한 문제의식을 가지며, 두 연구는 "기존 기업의 기술 사업화"라는 하나의 주제로 묶일 수 있다.

네 번째, 오픈 이노베이션에 관한 연구는 기술사업화에 대한 그의 경험적 연구가 집약되고 종합된 결과물이라고 볼 수 있다. 그는 2003년과 2006년에 주로 실무자를 겨냥한 두 권의 단행본을 출간하였다. 이와 관련된 다른 논문과 글들은 이 두 책의 요약이거나 발췌이거나 확장이라고 보면 된다.

이상의 그의 이력을 보면, 그는 확실히 기술사업화 분야에 자신의 실무 경험과 학문적 연구를 집중한 것을 알 수 있다. 그의 오픈 이노베이션 이론도 바로 기술사업화에 대한 그의 연구의 연장선에서 나온 것이기 때문에 오픈 이노베이션에 대한 그의 논의는 내향형 개방보다는 외향형 개방에 치우쳐 있다. 특히 그가 연구한 Xerox 팔로알토연구소의 spin-off 사례는 그의 오픈 이노베이션 이론의 기반이라고 볼 수 있다.

◆ Xerox 팔로알토연구소 spin-off 사례의 교훈

체스브로우는 Xerox 팔로알토연구소(PARC, Palo Alto Research Center) 사례를 통해 대기업들도 기술 사업화의 경로를 다양화하는 유연성

이 필요하다고 주장했다. 1960~70년대 사무용 복사기 시장에서 큰 성공을 거둔 Xerox는 1970년에 복사기 기술뿐 아니라 정보기술 전반에 대한 연구를 목적으로 하는 대규모 연구센터를 California의 Palo Alto 지역에 설립하였다. 이 연구소에서는 당시 정보기술 분야의 첨단 기술들을 다루었고, 그 결과 오늘날 컴퓨터, 통신, 인터넷 분야를 발전시킨 많은 기반 기술들이 여기서 싹을 틔운 것으로 유명하다. 윈도우의 기반 기술인 graphical user interface 기술, 단말기의 초록색 ASCII 문자를 대체한 bit-mapped screen 기술, 고속 네트워킹 기술의 효시인 Ethernet networking protocol, 선도적 폰트 제작 프로그램인 PostScript 등이 PARC에서 개발된 대표적인 기술들이다.

그런데 문제는 이 연구소에서 개발된 많은 기반 기술들이 Xerox 의 당시 사업부에서는 당장 사용되기 어려웠기 때문에 Xerox 본사가 해당 기술의 사업화에 소극적인 태도를 보이는 사이에 다른 기업이나 spin-off 기업들을 통해 사업화가 되었다. Apple이나 Microsoft와 같은 (당시로서는 작은 창업 기업이던) 기업들이 PARC 의 기술을 사업화했다는 흥미롭지만, 특히 spin-off 기업들을 통한 사업화의 성과는 매우 괄목할 만하다. 체스브로우가 1979년부터 1998년까지 Xerox의 PARC에서 분사된 35개 벤처기업들을 조사한 결과, 이 중 기업 공개(IPO)에 성공한 10개사의 시장 가치가 2001년 말 기준으로 제록스의 시장 가치의 2배인 것으로 나타났다. 3Com, Adobe 등이 대표적으로 성공한 PARC spin-off 기업들이다. 이 기업들 중 일부는 Xerox가 기술 양도의 조건으로 지분 일부를 보유했지만, 그렇지 않고 거의 무상으로 기술을 양도한 기업도 많았기 때문에 결과적으로 Xerox는 이 기업들이 달성한 성과 중 자사의 몫이 될 수 있는 부분만큼 손실을 본 것이다. 전체 산업이나 국가의 입장에서는 Xerox PARC가 신산업의 토대가 되는 기반 기술을 개발하고 그것을 확산시키는 중요한 기여를 했지만, Xerox 입장에서만 보면 이 사례는 기존 기업 가치의 2배에 달하는 큰 사업 기회를 놓친 실패 사례이다.

체스브로우는 매우 인상적인 이 실패 사례에서 대기업 중앙연구소 중심으로 유지되어 온 폐쇄형 혁신 모델의 한계가 극명하게 노출되었다고 보았다. 그가 이 사례에서 얻은 교훈은 다음과 같다.

첫째, 기존 기업은 기술과 시장의 불확실성에 대처하기 어려운 근원적 한계가 있으며, 벤처캐피털이 하는 것처럼 신기술의 가능성을 점진적으로 확인해 가는 사업화 방식을 배워야 한다는 점이다. 기업들은 기존 사업 영역에 부합하는 신기술은 현재의 비즈니스 모델과 시장 니즈에 입각해서 그 사업화 가능성을 잘 평가하지만, 기존 사업 영역에서 벗어나는 신기술은 정확히 평가하지 못하는 경향이 있다. 기존 사업영역을 벗어난 기술평가를 일반 기업이 직접 하는 것은 쉬운 일이 아니다. 특히 그 신기술이 기술 개발의 성공 가능성이나 시장 형성 가능성 측면에서 불확실성이 크다면 더욱 평가가 어렵다. Xerox가 컴퓨터, 인터넷, 통신 분야의 많은 원천기술을 개발하고서도 사업화시키지 못한 이유가 여기에 있다. 이에 비해 벤처캐피털은 기술과 시장 측면의 불확실성이 있는 기술이라도 단계적으로 투자와 평가를 반복하는 과정을 통해 점진적으로 기술을 진화시키고 적합한 비즈니스 모델을 만들어 간다. 체스브로우는 이런 면에서 기존 기업이 정해진 규칙에 따라 신기술을 평가하는 것은 체스(Chess)에 가까운 반면, 벤처캐피털이 불확실한 신기술의 가능성을 확인해 가는 것은 다음 패를 보기 위해 계속 돈을 내야 하는 포커(Poker)에 가깝다고 비유했다. Xerox의 spin-off 사례가 시사하는 바는 기존 기업도 벤처캐피털처럼 포커(Poker)하는 법을 배워야 한다는 것이다. 기존 사업 영역을 벗어나는 신기술의 사업화를 위해 회사 차원에서 분사화를 전략적으로 추진하고 관리해야 하는 것이다.

둘째, 구체적인 비즈니스 모델을 상정하지 않은 막연한 기초연구는 위험하고, R&D는 그 기획 단계부터 비즈니스 모델과 연계되어야 한다는 점이다. 과거 자금 사정이 좋은 거대기업의 중앙연구소들은 시장 선도를 위해 장기적 안목의 기초연구를 많이 추진하였는데, 그 성과들이 기존 사업 영역에 부합하지 않으면 연구와 개발 사이의 대기 장소인 "선반"에 머무는 경우가 많았다. 이런 기술 아이템들은 그대로 사장되거나 spin-off를 통해 외부로 유출되면서 결과적으로 R&D의 효율성(비용 대비 수익)을 떨어뜨렸다. Xerox 사례는 그 대표적 사례이다. 이러한 문제점을 피하기 위해서는 R&D의 기획 단계부터 구체적인 비즈니스 모델이 상정될 필요가 있는 것이다.

  셋째, Xerox 사례는 타의에 의해 신기술의 사업화 경로가 외부로
개방된 대표적 사례로, 이제 기업들은 자사 기술의 사업화 경로를
내부로만 국한시키려는 자세를 버리고 보다 유연한 자세를 취해야
한다는 점이다. 과거에는 자사 기술은 스스로 사업화하는 것이 당
연한 일이었지만, 인력 유동성의 증가와 벤처캐피털의 발달로 인
해 이제 기업이 자사 기술의 사업화를 독점하는 것이 어려워졌다.
기업이 원하든 원하지 않든 기술의 사업화 경로가 개방되는 환경이
조성된 것이다. 그러므로 기업들은 꼭 자사가 사업화해야 한다는
생각에서 벗어나 좋은 비즈니스 모델이 있다면 사업화 주체는 중요
하지 않다는 유연한 자세를 취하는 것이 필요하다. 내부와 외부를
막론하고 가장 적합한 비즈니스 모델을 찾아서 기술을 사업화시키
는 것이 현재의 지식 환경에 적합한 대응 방식이다. [그림 2-5]는
기업이 유연하게 다양한 사업화 경로를 설정하고 단계별로 의사 결
정을 내리는 종합적인 흐름도를 보여 준다. 신기술이 주어지면 이
것을 내부 사업부, IP 관리부서, 분사화 추진 부서가 차례로 검토
해서 최적의 사업화 경로를 결정하는 것이다.

[그림 2-5] 기술 사업화의 다양한 경로

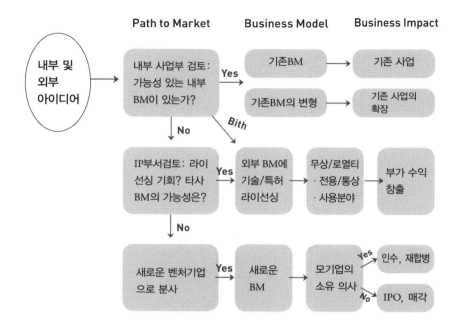

21세기 생존전략 4차 산업혁명

2.5. 오픈 이노베이션 사례 : 삼성SDS

2.5.1. 삼성SDS 개요

삼성SDS는 국내 1위의 ICT 서비스 기업이다. 1985년 설립되어 삼성계열사의 ICT 서비스 책임지고 성공적으로 지원하여 관계사의 글로벌화를 견인하였다. 또한, 국내외 주요 기업과 공공기관을 대상으로 수많은 SI 프로젝트와 ITO 서비스를 제공하였으며, 최근에는 다양한 ICT 솔루션을 제공하고 있다. 주요한 사업 영역은 다음의 [그림 2-2]와 같으며 전 세계에 많은 지/법인 및 데이터 센터 등을 보유하고 있다.[5]

[그림 2-6] 삼성SDS의 주요 사업 영역

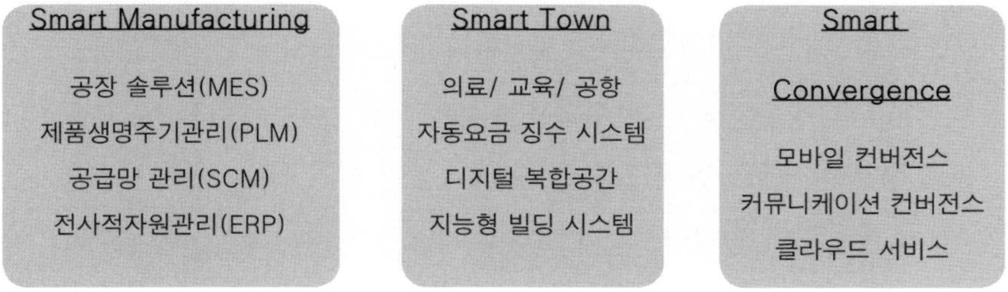

Smart Manufacturing	Smart Town	Smart Convergence
공장 솔루션(MES)	의료/ 교육/ 공항	모바일 컨버전스
제품생명주기관리(PLM)	자동요금 징수 시스템	커뮤니케이션 컨버전스
공급망 관리(SCM)	디지털 복합공간	클라우드 서비스
전사적자원관리(ERP)	지능형 빌딩 시스템	

---

5)   김윤, "국내 Information Communication Technology 기업에서의 오픈 이노베이션을 통한 신사업 발굴 및 영향 연구", 고려대학교 기술경영전문대학원 석사학위논문, 2014.1, 1~43page

Smart Security	Smart Logistics	Smart ICTO
Cyber Security	SCL 해외 물류	ICT Infrastructure 비즈니스 컨설팅 시스템 통합 Application Outsourcing

2.5.2. 삼성SDS의 최근 실적

삼성SDS는 2015년 기준으로 연간 7조 8,353억 원의 매출을 올렸으며, 약 14,000명의 임직원을 보유하고 있는 국내 최대의 ICT 기업이다.

◆ 오픈 이노베이션의 필요성

최근 2~3년 전부터 삼성SDS는 지속적인 성장을 하고 있으나, 그 성장이 내부적인 원가절감 및 정기적인 연간 ITO 계약 갱신을 통해 발생하고 있었다. 국내 시장은 경쟁이 치열해지고, 고객은 IT를 전보다 잘 이해하게 되어 요구사항이 더 까다로워지면서 사업의 수익성은 점점 악화가 되고 있었다. 회사의 미래 신수종 사업을 찾기 위한 노력은 계속하고 있으나 새로운 성장동력을 발굴하기는 어려운 상황이었다.

이러한 어려움을 극복하기 위한 하나의 방법으로 결국 체계적이고 지속적인 오픈 이노베이션 도입 필요성을 절감하게 되었으며, 대표이사의 전폭적인 지지를 기반으로 삼성SDS는 체계적으로 오픈 이노베이션을 도입하게 되었다.

◆ 오픈 이노베이션의 도입 및 체계 수립

과거 삼성SDS의 연혁을 돌아보면, 사실 국내 가장 큰 벤처 성공 사례인 '네이버'의 사례가 있었다. 1997년 네이버 이해진 의장은 당시 삼성SDS 동료 사업과 함께 사내벤처 1호인 '웹글라이더팀'을 만들었고, 이후 삼성SDS 지원을 받아 '네이버컴'을 설립한 것이 지금까지 성장한 것이다. 사내 벤처에서 시작하여 포털 업계의 강자가 된 네이버의 경우는 삼성SDS에게 성공적인 또 다른 신규 사업 발굴에 대한 자신감을 줄 수 있었다. 그 후에서 U-city, Engineering Outsourcing 등 신규 사업을 추진하여 성공적으로 사업부로 이관 시킨 사례도 있었다. 또한, 과거 "Open R&D"라는 이름의 비연속성 사업 아이디어 공모 실시 경험도 있었으며 ICT 업계의 특성상 집단지성 및 개방형 혁신 등 외부의 아이디어에 도입에 대해 긍정적 인식이 많이 확산되었다. 이러한 상황에서 삼성SDS가 가진 기술 역량, 사업 관리 역량, 재무적 투자 역량, 기술 사업화 역량, 외부 기술 제휴 역량, 기술 인력 모집 역량 등을 효과적으로 활용하여 사내/외부의 다른 조직 및 사업 아이디어와 결합하여 시너지 효과를 창출하였다. 이러한 정황 속에서 오픈 이노베이션을 도입하기로 하였으며, 다음과 같은 사내 절차를 거쳐서 Smart Idea Generation을 의미하는 "sGen"이라는 이름의 아이디어 공모전 기반 오픈 이노베이션을 도입하게 되었으며 추진 일정은 다음과 같다.

- 2011. 4. 제1회 sGen 삼성SDS, sGen Club등 다양한 활동 시작
- 2011. 12. 제1회 sGen Korea 실행
- 2012. 5. 제2회 sGen 삼성SDS 실행

삼성SDS의 오픈 이노베이션은 전사적으로 체계적인 기획을 통하여 회사의 Identity와 연계하여 "sGen"이라는 BI를 개발하고 이를 적극 홍보하는 개방형 혁신의 자체 브랜드화를 추진하였다. 이를 위해 별도의 단위조직을 만들어 이를 추진하게 하였으며 공모전 홍보를 위한 홈페이지 구축, 회사 홈페이지와 연동, 공모전 대도시 설명회 및 대국민 평가단 모집 등을 수행하였다. 기존의 시도와 차별적인 부분은 홍보와 연계된 추진 이외에도 다음과 같은 조직적인 활동을 수행했다.

- 전사 마케팅 내 유관 조직을 신설하여 개방형 혁신 주관
- 사내 인력을 활용한 sGen 삼성SDS 공모전 추진 및 입상시 최고 상금 1천만 원 및 신사업을 추진하는 소사장 참여 기회 제공
- 소사장에게는 다른 평가기준 및 유연한 관리, 벤처형의 사업 개발 지원

2.5.3. 오픈 이노베이션 추진 내용

삼성SDS가 추구하는 오픈 이노베이션은 다음과 같이 기업의 내
외부를 막론하고 창조적이고 혁신적인 아이디어에 투자하여 그 성
과를 함께 나누어 동반 성장을 추구하는 것이라고 정의할 수 있다.

이에 대해서 다음 [그림 2-7]과 같이 그 내용을 설명할 수 있다.

[그림 2-7] 삼성SDS 오픈 이노베이션 플랫폼

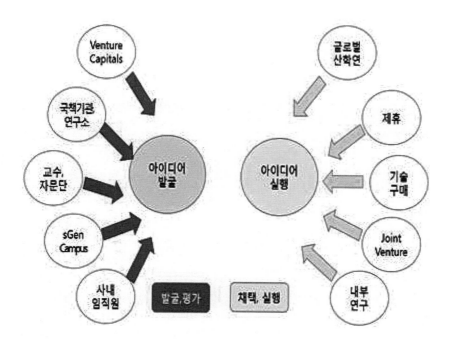

[그림2-7]에서 볼 수 있듯이 외부와의 네크워크를 강화하고 새로운 아이디어를 발굴하고 실행하는 체계를 수립하고자 하는 것이 핵심이며, 이를 어떻게 체계화하였는지 구체적으로 살펴보고자 한다.

2.5.4. 삼성SDS의 신사업 육성 프로그램

삼성SDS의 대표적인 외부 사업 아이디어 확보 및 신사업 발굴 제도는 'sGen(Smart Idea Generation)'으로 불리며 다음과 같은 체계를 가지고 있다.

[그림 2-8] 삼성SDS 신사업 육성 프로그램

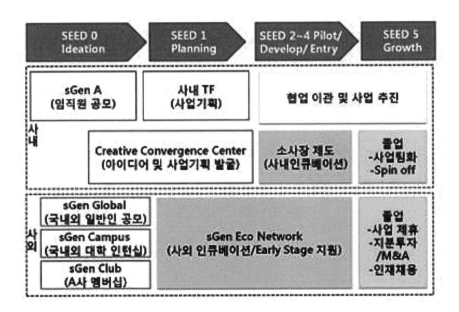

위의 그림에서 보듯이 삼성SDS 신사업 육성 프로그램은 진행 상황에 따라 시드(Seed) 단계를 두어 0단계에서부터 5단계까지 진행한다. Seed 0단계는 사업 아이디어를 발굴하는 개념(Ideation) 단계, 시드 1은 사업 계획을 수립하는 계획(Planning) 단계, 시드 2~4는 파일럿을 수행하여 계획을 검증하고, 사업 계획을 기반으로 실제 제품을 개발하고 시장에 진입하는 파일럿(Pilot), 개발(Develop), 진입(Entry)으로 구성되어 있다. 마지막 시드 5단계는 실제 시장에서 양적 · 질적 성장을 추진하는 성장(Growth)으로 구분된다.

각각의 단계를 수행하는 주체를 보면 사내에서 신규사업을 수행하는 부분과 사외에서 아이디어를 사내로 들여와 신규사업을 수행하는 것으로 구분된다.

그렇다면, 삼성SDS의 신사업 발굴체계 내에서 각 프로그램에 대해 알아보도록 하겠다.

① sGen A : 임직원 아이디어 공모전으로 상시 아디디어를 접수하고 있으며, 1년에 1회 기존의 접수된 아이디어와 함께 특정 기간에 집중적으로 아이디어를 접수하여 사업성을 평가하는 제도이다.

② 사내 TF : 대다수의 기업에서 수행하고 있는 사내 여러 가지 목적에 의해 TaskForce가 구성되어 신규 사업 아이디어를 발굴하고 사업계획을 수립하는 제도이다.

II. 오픈 이노베이션

③ 창조집중센터(CCC : Creative Convergence Center) : 기존 회사에서 수행하는 업무와 상관없이 지원과 이에 대한 선발을 통해 1년 동안 자유롭고 독립된 별도의 근무 장소에서 기존의 형식과 틀을 무시하고 자율 출퇴근을 하면서 시장의 기술, 선진사, 트렌드 등을 조사하면서 스스로 사업 아이디어를 수립하는 파격적인 제도이다.

④ 소사장 제도 : 소사장은 사업 계획을 승인받게 된 사업에 대해 사업 리더가 실제 사장처럼 팀을 구성하여 별도의 목표와 평가체계를 가지고 사업을 추진하는 사내 사업 인큐베이팅(Incubation) 제도이다.

⑤ sGen Global : 국내외 일반인을 대상으로 신규 사업 아이디어를 공모하는 공모전 제도이다.

⑥ sGen Campus : 고려대, 연세대, 한양대, 서울대, 성균관대학교 등 국내 5개 대학교와 연계하여 신사업을 기획하는 인턴십 프로그램이다.

⑦ sGen Club : sGen Club는 산학프로그램인 sGen Campus와 달리 만 15세~25세의 학생과 젊은이를 대상으로 사업기획 및 ICT 개발에 대해 선발하여 2년 동안 삼성SDS의 인프라를 활용하여 멘토링과 함께 ICT 교육, 사업발굴 프로젝트를 수행하는 프로그램이다.

⑧ sGen ECO Network : 신사업 아이디어를 실제 사업화하기 위한 기업 육성 프로그램으로 사무실 및 전문가 지원을 통해 자립을 도와주는 프로그램으로 벤처 발굴 육성 프로그램이다.

위와 같이 삼성SDS는 사내/외의 사업 아이디어의 발굴에서부터 사업화 지원까지 사업화를 위한 모든 단계를 지원하는 제도를 전사적으로 수립하여 체계적으로 신규 사업을 추진할 수 있게 오픈 이노베이션 제도를 도입·실천하고 있다.

① 2013년 제1회 sGen Global 신사업 공모전

앞에서 살펴 본 여러가지 프로그램 중에서 sGen Global 신사업 공모전은 한국인만이 아닌 14세 이상의 모든 세계인이 참여 가능한 공모전으로 가장 규모가 큰 삼성SDS의 공모전 프로그램이다. 공모주제는 일상생활, 업무, 재미 3가지 영역이다.

첫 번째 Smart answer for Life는 ICT 기술을 이용하여 Smart Home, Finance, Healthcare, Study 등 일상에서 생활을 더 편하게 만들 수 있는 신규 사업 아이디어를 의미하는 주제 영역이다. 두 번째로 Smart answer for Work는 ICT 기술을 통한 Smart Office, Traffic, Construction, Asset Management, Logistics 등 산업영역이며 마지막으로 Smart answer for Fun은 삶의 재미를 더 할 수 있는 영역인 Smart Media, Entertainment, SNS, Contents 영역을 의미

한다.

공모전은 다음과 같이 진행되었다.

⑴ 2013년 1월 6일　　：공식 홈페이지 오픈, 홍보 시작
⑵ 2013년 3월 18일 ~ 3월 29일 : 1차 아이디어 접수
⑶ 2013년 4월 초　　：1차 심사 및 결과 공지 ⇨ 2차 진출
⑷ 2013년 4월 중　　：2차 아이디어 보안 접수
⑸ 2013년 4월 말　　：2차 심사 및 결과 공지 ⇨ 최종 진출
⑹ 2013년 5주간　　：최종 아이디어 보완
⑺ 2013년 6월 중　　：최종 심사

6개월의 긴 기간 동안 외부 전문가와 일반인 평가단을 모집하여 객관적이고 공정하게 평가를 진행하여 최종 심사에는 12개 팀이 경합하였고, 8시간 동안 평가가 진행되었다.

이렇게 장기간 준비하고 홍보한 공모전은 최종적으로 최우수상 1팀(3천만 원), 금상 2팀(1천만 원), 은상 3팀(5백만 원)을 선정하게 되었으며, 전체 2,749건의 아이디어가 접수되었으며 최종 수상을 하게 된 6개의 팀은 다음과 같다.

최우수상은 브이터치(Vtouch) 팀이 리모컨 없이 손가락만으로 가전 및 디바이스를 조작할 수 있는 기술을 주제로 수상하였으며, 금

상은 SDK 기반 애플리케이션 클로즈드 베타 테스트 플랫을 주제로 한 AndbuT 팀과 Web Framework와 호환되는 웹기반 HTML 에디터를 주제로 한 JD Lab 팀이 수상하였다. 은상에는 2gather, ShiftClouds, 에브리위켄드 팀이 수상하였으며, 각 팀은 sGen Center에 입과하여 약 3개월 동안 전문가의 멘토링을 받으며 사업을 구체화시키고 다시 투자심의를 받을 수 있는 기회를 갖게 되었다.

② sGen Eco Network

sGen Eco Network는 삼성SDS의 벤처 육성 프로그램으로 다음과 같은 내용으로 진행되는 프로그램이다. 대기업의 마케팅, 세일즈 역량과 노하우를 제공하면 Startup이 기술력과 신사업 아이디어를 가지고 서로 Win-Win 하려는 목표로 진행되며 사업 아이디어를 접수하여 심사하고, 심사를 통과하면 사업화를 지원하고 어느 정도 사업이 진행되면 졸업을 시켜 삼성SDS와 파트너십을 맺거나 Venture Capital과 연계할 수 있도록 지원해 주는 제도이다. 여기에서의 단계별 주요 사업화 프로세스는 [그림 2-9]와 같다.

[그림 2-9] 벤처 육성 사업화 프로세스

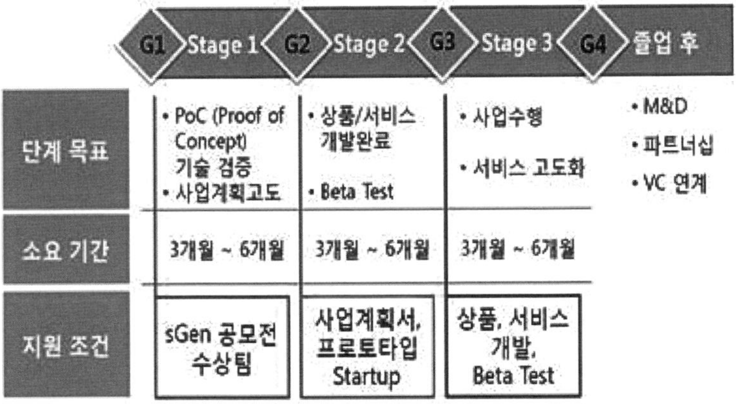

	G1 > Stage 1 < G2 > Stage 2 < G3 > Stage 3 < G4 > 졸업 후

단계 목표	• PoC (Proof of Concept) 기술 검증 • 사업계획고도	• 상품/서비스 개발완료 • Beta Test	• 사업수행 • 서비스 고도화	• M&D • 파트너십 • VC 연계
소요 기간	3개월 ~ 6개월	3개월 ~ 6개월	3개월 ~ 6개월	
지원 조건	sGen 공모전 수상팀	사업계획서, 프로토타입 Startup	상품, 서비스 개발, Beta Test	

이러한 제도를 통해서 startup은 사무공간, 클라우드 인프라, 네트워킹, 법률 자문 등 멘토링을 받게 되며, 삼성SDS는 일정부분 지분을 투자하게 된다. 현재 sGen Eco Network 프로그램에 참여하고 있는 기업은 외국어 학습서비스 플랫폼을 제공하는 ㈜퀄슨, 가족과 친구 간 일정관리 및 자료를 공유하는 커뮤니케이션 서비스를 제공하는 ㈜호잇, Mobile App을 분석하는 사업 모델을 가진 ㈜캘커타 커뮤니케이션이 있다. 여기에서 퀄슨은 제1회 sGen Korea 최우수상을 수상한 업체이며, 호잇도 sGen Campus 2기에서 시작된 회사로 삼성SDS와 벤처회사간의 상호 협력 모델을 잘 활용하고 있다.

2.6. 오픈 이노베이션 사례 : Apple

2.6.1. Apple 개요

애플(Apple)은 스티브 잡스, 스티브 워즈니악, 로널드 웨인이 1976년 창설한 컴퓨터, 휴대전화 등의 전자제품을 생산하는 기업이며, 2015년 2월 세계 최초로 주식 종가 시가총액이 7,000억 달러를 넘은 기업이다. 최소의 비용으로 최대의 효과를 거두는 경제학의 원리가 작동하는 IP 효율성이 높은 대표적인 혁신기업이다. 적은 특허, 하지만 꼭 필요한 특허를 확보하며 경영의 효율을 얻기 위해서 적은 제품 수는 R&D 효율성과 대량생산의 장점을 강조할 수 있다.[6]

① 통합 제품이론(whole-product theory)

애플은 하드웨어뿐만 아니라 자체 운영체제(OS)를 이용한 소프트웨어 분야까지 제품을 완전하게 통제해야 성능이 우수한 제품을 생산할 수 있다는 '통합 제품이론(whole-product theory)'을 실행하고 있다. 외부의 기술을 도입하는 경우에도 제품의 통제권을 가질 수 있느냐는 중요한 원칙이다.

---

6) 박종원, "OP융합과 경영전략 연구(SMIP)- 애플의 오픈이노베이션 사례-", 홍익대학교 대학원 지식재산학과 석사학위 논문, 2011.12, 31~46page

자체 앱스토어를 운영하여 콘텐츠 분야로 수익구조를 넓히며 서로 연계하여 시너지 효과를 극대화하고 있다. 애플이 개발한 대부분의 프로그램은 애플컴퓨터에 번들(보완재)로 제공되어 제품과 서비스의 융합을 이루고 있다. 소프트웨어 개발키트(SDK : Software Development Kit) 개방을 방지하기 위해 애플은 개발자 가입을 통해 데이터베이스화하고, 소프트웨어 개발키트 사용비(스탠더드버전 $99, 엔터프라이즈버전 $299)를 징수하며, 개발된 콘텐츠에 대해 자체적으로 유해하거나 사업모델에 부합하지 않는 콘텐츠를 제외시키는 등 앱스토어 콘텐츠를 통합제품이론 차원에서 관리·통제하고 있다.

② 아이팟 오픈 이노베이션 사례

애플 혁신의 모멘텀을 준 아이팟(iPod)의 개발 과정을 통해서 애플이 어떻게 리스크를 감소시키는 오픈 이노베이션으로 성공 가능성을 높일 수 있었는지 살펴볼 수 있다.

아이팟(iPod)이 탄생하는 2000년 사회문화 환경은 디지털 음악이 전 세계적인 트렌드로 자리 잡으며 이미 소니 중심의 미니디스크 방식과 한국의 MP3 업체들이 난립하고 있었다. 디지털 음원 다운로드 관련하여 냅스터, 소리바다 등 P2P 공유사이트 관련 저작권 침해소송이 사회적인 이슈로 등장하기도 했다. 아이팟 같은 디지털음원 생태계를 만든다면 애플보다 먼저 시장에 진출한 소니, 파나소닉, 삼성, 레인콤 등 기존의 업체가 보다 유리한 상황이었다.

　　　　　　　　　　　　　　　21세기 생존전략 4차 산업혁명

2001년 4월, 애플이 M&A를 통해 사운드잼(Soundjam Co.) 인수 후 아이튠즈 시제품을 만들며 본격적으로 디지털가전 시장에 뛰어들었다. 가전제품의 평균 개발 기간 18개월을 9개월로 스케줄을 단축하는 1단계 초과옵션 전략과 소프트웨어, 디자인, 마케팅, 제조의 2단계 병행개발을 진행하였다.

소용량의 플래시메모리가 아닌 도시바의 1.8인치 소형 디스크드라이브(5GB)를 아웃소싱해서 1000곡의 개인용 뮤직 라이브러리를 가능케 하였다.

③ 비즈니스 모델 설계

애플은 중요부품의 아웃소싱을 통하여 강점인 디자인과 인터페이스(기계식 휠)에 집중하여 2001년 10월 불과 7개월 만에 아이팟을 출시하였다. 하지만, 1세대 아이팟은 높은 가격(399$)과 온라인 음악사업의 혼란으로 성공을 거두지는 못했다.(애플 연간수익의 2.5%) 애플은 성공 가능성을 변화시키기 위해 추가적인 혁신을 가져올 조치를 취했다.

2002년 2세대 아이팟은 499$의 10GB 용량과 터치식 휠, 음악목록 관리기능의 아이튠즈를 업그레이드한 것이다. 그리고 2003년 4월 최대 40GB 용량의 아주 슬림한 3세대 아이팟과 온라인 음악다운로드 웹인 "아이튠즈 뮤직스토어(iTunes Music Store)"를 제공하는 비즈니스모델을 출시하게 되었다. 아이팟은 드디어 애플 연간수익의 34%를 차지하게 되었다.

아이팟 비즈니스모델의 완성은 EMI, 소니BMG, 유니버설, 워너브라더스 등 음반회사들과의 협력으로 시작되었다. 많은 음반회사들은 P2P 사이트에 대응하여 음악저작권을 보호할 수 있는 새로운 디지털음원 유통모델을 요구했고, 애플은 독점 디지털 음악형식(AAC), 음악소프트웨어 아이튠즈를 통해서 디지털음원 불법공유를 막는 소프트웨어를 완성하고 온라인 음악 산업의 70%를 장악했다.

애플의 음악 비즈니스 생태계 모델은 한 곡당 99센트 중 65센트를 음반회사에 지급하고, 유통비용으로 25센트 지출하고, 약 10센트의 적은 이윤만 애플의 마진으로 취하는 구조이다. 그러나 애플은 하드웨어 '아이팟'을 팔기 위해 수백만 곡의 음악을 합법적인 유통망을 통해 제공하며, 음반회사들과 협업하는 생태계로 진화시킨 것이다. 아이팟이라는 제품과 아이튠즈 서비스의 융합은 생태계 시너지를 창출하는 새로운 비즈니스 모델을 창조한 것이다.

2.6.2. 디자인 사용자 편의성

사용자 편의성(Easy to Use)이란 제품을 사용하기 위해서는 인간이 신체적으로 사용하기 쉬우며 본래의 용도와 기능에 맞게 작동하면서 안전해야 한다는 개념으로 좋은 디자인 경험은 고객의 만족감을 최우선으로 한다. 애플의 슬로건 "Think Different"라는 디자인 철학에 의해 탄생한 아이맥(iMac)의 '누드디자인'과 '미니멀리즘'으로 대표되는 아이팟(iPod) 디자인으로 애플은 새로운 가치를 창조했다. 고객은 쉽고 안전하게 기능하는 디자인 제품에 열광하고 기업에 대한 신뢰를 갖게 되는 것이다.

① 애플의 디자인 전략

애플의 디자인 전략은 제품전략에 앞서며, 디자인 우선주의에 따라 제품 디자인을 먼저하고 나중에 이를 구현하는 기술을 개발하는 방식을 말하며 혁신의 핵심 수단이다. 이제 혁신기업은 '기술' 뿐만 아니라 '디자인'까지 경영전략으로 활용하고 있다. 또한, 기업의 디자인 아이덴티티는 브랜드 이미지로 연결되어 기술 외적인 기업의 차별적인 경쟁력으로 기능하게 되는 것이다.

애플의 디자인은 산업디자인을 예술의 경지까지 올려놓았다는 평가를 받고 있지만, 애플은 Brown사의 디자이너인 '디터 람스'의 작품 디자인을 재창조하여 애플 제품에 새롭게 구현한 것일 뿐이다. 애플은 고객이 원하는 것을 위해 기존의 기술과 디자인을 융합시키고 재창조하는 과정에서 시장 지향적 디자인으로 사용자 중심의 경험을 최우선시 한다. 디자인을 중심으로 시장과 사용자 편의성을 위한 고객별로 차별화된 제품군과 애플 스토어를 활용한 체험 공간을 통해 혁신에 성공한 기업이 된 것이다.

② 애플의 인터페이스 혁신

기술의 진보와 복잡성이 증가함에 따라 직관적이며 체감형 인터페이스인 멀티터치 기술은 차별화에 성공하여 제품력의 경쟁우위를 갖게 되었다. 아이폰과 아이패드의 차이는 터치기술, 메뉴 구성방식, 제품디자인(트레이드 드레서)에 대한 디자인 특허를 가지고 있다. 인터페이스를 이용한 편의성에 있어서 애플의 큰 장점은 터치스크린의 정적식 터치감촉이며 이 기능에 경쟁우위를 확보하기 위해 '멀티터치 인터페이스 출원(2009.1)', '멀티터치용 장갑 출원(2009.1)', '멀티터치 data Function 출원(2008.9)', '폴더타입 듀얼터치 기술 출원(2008.3)' 등 인터페이스에 집중적으로 특허를 출원하였다.

애플 역시 아이폰이 소비자에 의해 선택되는 가장 주요한 요인을 '터치감'으로 판단하고, 더욱 반응성이 좋은 사용자 경험을 제공하기 위해 사용자 편의 인터페이스(Easy to use) 혁신을 강화하고 있다.

2.6.3. 애플의 지식재산 경영전략

애플의 지식재산 경영전략(SMIP)은 산업재산권(특허권, 디자인권, 상표권) 또는 영업비밀(노하우)로써 비즈니스 주도권을 확보한 후에 핵심역량을 제외한 생산, 유통, 서비스 부분을 아웃소싱하고, 비즈니스 생태계를 확장시키는 전략이다.

소프트웨어와 하드웨어가 통합된 애플의 네트워크 플랫폼은 지식기반경제에서는 일반적으로 투입된 생산요소가 늘어날수록 산출량이 증가하는 수확체증의 원리(Increasing returns of scale)가 작동하며, 따라서 시간이 지남에 따라 경쟁사가 극복 불가능한 경쟁우위를 만들어 낸다고 보았다. 제품을 통한 고객의 사용 경험을 제공하며 확장하는 애플의 비즈니스 모델은 경쟁사가 모방하기 어려우며 플랫폼을 공유한 경우에는 새로운 생태계로 공진화되는 결과를 가져오게 될 것으로 보았다.

① 플랫폼 비즈니스 모델

애플은 음악 비즈니스 시장과 고객을 연결하는 중심 기업으로서 혁신의 플랫폼 역할을 함으로써 협력업체들 사이의 비즈니스 모델의 통합을 이루었다. 아이팟 성공 이후, 음악 이외에 게임, 영화, 금융정보 등 다양한 콘텐츠는 아이팟의 생태계를 튼튼하게 하는 보완재로서 공진화의 혁신이 이루어진 좋은 예이다. 애플앱(App)의 단위당 평균 매출은 1.44달러로, 앱 내부결제방식(In App Purchase; IAP)에 따른 순수익은 건당 0.18달러 정도이지만, App 개발자에게는 70%에 적지 않은 수익을 돌려주므로 또 다른 앱(App) 프로그램

개발자 생태계를 창조하는 기반이 되고 있다. 안드로이드 앱의 수익배분 모델은 6:4로 통신사와 개발자에게 배분된다.

애플은 음악, 아이튠즈에서 만족하지 않고 아이폰으로 사업영역을 추가 확장해 나가는 전략을 사용하고 있다. TRIZ의 다차원 분석(Multi Screen Method)의 관점으로 보면, 시간의 축에서 현재의 컨버전스한 소비구조에서 '구매와 소유' 개념의 아이팟+아이튠즈 시스템은 미래의 '네트워크 접속과 이용권한에 대한 지불'이라는 비즈니스 모델의 파괴적 혁신으로써 스마트 폰인 "아이폰"으로 사업영역이 진화된 것이다.

② 비즈니스 모델의 공진화

애플의 지식재산 경영전략은 소프트웨어는 저작권으로, 하드웨어는 특허 · 디자인으로, 콘텐츠는 협력사와의 비즈니스 모델을 통해서, 그리고 가장 강력한 사용자와의 관계를 통한 브랜드력은 상표를 이용한 통합적인 지식재산 전략을 완성해 놓고 있다. 이런 애플의 생태계를 보호하기 위해 지식재산 전문 법률팀과 영업비밀을 체크하는 보안팀이 활동하고 있다.

가치사슬은 융합을 통해서 성장하고, 하드웨어와 소프트웨어 그리고 콘텐츠 비즈니스 모델의 공진화가 확대되는 방식으로 생태계가 작동한다. 생태계의 지속적 생존을 위한 애플의 숨은 장치는 애플의 모든 전자제품을 배터리 일체형으로 하는 것이다. 마치 일정 시간이 지나면 수명을 다하고 교체해야 하는 형광등처럼 애플의 기기는 적절한 기술로 적당한 수명을 가지고 있다는 것이다. 이것은 제품 교체 주기와 제품 수명 주기를 고려한 제조업자의 부비트랩 장치라고도 할 수 있다.

다음으로는 하나의 제품라인에는 하나의 모델만 있다는 것이다. 물론 제품 외형과 소프트웨어 업그레이드를 하지만 그 차이는 크지 않다. 즉, 애플의 전자기기는 항상 최신의 상태이며 유행에 뒤떨어지는 구형이라는 이유로 교체되는 비운의 애플 제품은 없기 때문에 애플 마니아는 항상 애플을 찾게 하고 있다.

마지막 비밀은 강력한 브랜드력을 바탕으로 한 2차 협력업체에게도 애플 제품과 연관 제품을 개발할 여지를 준다는 것이다. 각종 케이스, 소모품 등을 제조하는 협력업체는 애플 생태계를 유지하는 역할을 한다.

중소기업과 이익을 공유하는 애플은 협력을 통해 경쟁력을 갖는 수평적인 네트워크에서 강점을 가지고 2차 협력회사들을 하청업체가 아닌 파트너로서 수평적인 비즈니스 모델을 기반으로 애플만의 제품과 서비스 융합으로 협업의 비즈니스 모델을 창조할 수 있게 한다.

2.6.4. 애플의 비밀주의 기업문화

애플의 정책은 공급자나 협력사와 업무를 진행할 때 승인 없이 비밀정보를 공유하지 않는 것이다. 그뿐만 아니라 비밀 유지계약의 적용이나 허가 없이 제3자의 지식재산을 사용하지 않는 것이다. 애플의 최고의 자산은 '정보'라고 할 수 있을 정도로 전통적으로 정보의 공개는 매우 제한적이다.

심지어 애플 내부에서 조차도 비밀정보는 최소한으로 필요한 만큼만 제한적으로 제공된다. 지식재산 계약은 곧 '정보보호' 의무로 정의될 수 있다. 애플이 비밀정보를 공개해야 한다면, 첫째, 공개가 필요한 정보를 정의하고 둘째, 공개를 위한 허가를 얻고 셋째, 비밀유지계약을 확인하고 법률팀에 계약서 원본을 제공해야 한다. 또한, 문서에는 "Apple Confidential"이라고 표기해야 한다.

2.6.5. 애플의 오픈 이노베이션 경영전략

시장이 초기이고 수요가 적으면 전담 조직 크기도 작을 수 있지만, 일반적으로 대기업들은 소규모 시장에서 어려움을 겪고 시장에서 철수하는 실수를 반복하는 경향이 있다. 파괴적 혁신에 대한 애플의 저항(NIH신드롬)도 예외는 아니었다. 애플 같은 대기업이 성공할 수 있는 이유로 사용자의 경험을 활용한 기술혁신 방법의 중요성을 확인할 수 있다. 1976년 '애플 I'을 출시한 후 제품이 단종되기 전까지 200대(대당 666달러)를 판매했지만, '애플 I'은 경제적으로 실패한 것은 아니었다. '애플 I'에서 점진적인 기술혁신을 이루어 '애플 II'개발에 활용했으며 1979년 43,000대를 2년 만에 판매하여 PC산업의 선도업체가 되고 1980년 나스닥에 상장된 것이다.

① 기술혁신 근시안에 빠진 애플

'애플 II'출시 10년 만에 애플은 50억 달러 규모의 대기업으로 성장하고 1990년대 초 PDA 시장을 성장 동력으로 선택하고 공격적 기술개발을 추진했다. PDA 프로젝트 '뉴튼'에 철저한 시장조사와 동시에 수천만 달러를 들여 파괴적 컴퓨터 기술을 이용한 PDA를 1991년 개발했다.

애플의 핵심 사업이었던 'PDA 뉴턴'은 높은 가격과 불편한 필기 인식능력으로 출시 2년 만에 14만대를 판매했지만, 애플 전체매출에서는 겨우 1%에 불과했다. 애플은 시장을 스스로 창조해 가며 1979년의 3배 이상의 판매 성과를 이루었음에도 시장은 1994년의 애플 '뉴튼'은 실패한 비즈니스로 전락하고 말았다.

세계 최초의 퍼스널컴퓨터 'Apple I'를 개발한 애플은 참신한 기술과 편리한 소프트웨어, 단순한 디자인, 인상적인 마케팅으로 등장했지만 마이크로소프트와 인텔의 'WinTell' 연합군의 IBM PC와 시장주도권 경쟁에서 밀려나 시장점유율이 2%대까지 떨어졌다. 1990년대 애플은 시장의 변화 흐름을 외면하고, 폐쇄적인 시스템과 과잉기술 개발에 집착하여 소비자를 외면하면서 추락하고 있었다. 애플은 폐쇄적인 시스템과 기술적인 집착, 높은 R&D비 부담과 대리점 판매방식으로 PC시장의 가격경쟁에서 차별성을 상실한 것이다. 당시 애플은 혁신적인 기술에 집착한 나머지 다른 중요한 요소를 간과하는 기술혁신 근시안에 빠져 있었다.

  ② 모방의 독창성

  애플의 부활은 아이팟과 아이튠즈라는 제품과 서비스 융합 비즈니스모델로써 가격과 기능경쟁 중심의 기존 시장의 룰을 파괴하고 시장과 고객 중심으로 사업 방향을 유지하고, 컨버전스 산업 생태계의 가치창조를 통해서 이루어졌다. 애플 혁신의 중심에는 고객 지향적인 디자인 경쟁력이 있었다.

  애플은 이제까지의 창조와 완벽성, 기술우위의 성장신화에서 벗어나 '모방을 통한 독창성'을 새로운 디자인으로 포장하는 전략으로 시장성이 검증된 성장기의 MP3 시장으로 진입하게 되었다. 이제까지의 기술우위의 패러다임에서 사용자 편의성과 감성적인 디자인 그리고 저렴한 가격에 음악을 소유하며 들을 수 있다는 욕구에 충실한 비즈니스 모델을 만들어 후발주자로서 모방을 통해 신제품을 창조한 것이다.

그 결과로 시장 대부분을 이미 지배하고 있던 기존 기능중심의 mp3는 아이팟(iPod)의 아류작에 지나지 않는다는 "MP3 vs iPod"이라는 경쟁구도를 통해 음악플랫폼 시장의 제품 카테고리를 새롭게 창조한 것이다.

애플은 '모방의 독창성'이라는 일관된 콘셉트로 오픈 이노베이션 비즈니스 모델을 완성해 갔다. 이런 애플의 비즈니스 창조 힘은 어떤 제품을, 어떤 기술로, 어떤 산업에 해당되는지의 전통적인 산업 분석 방식으로는 규정되지 않는 IP융합 생태계를 창조한 원동력이 되었다.

③ 애플의 기술 대중주의

애플의 기술철학은 누구나 쉽게 쓸 수 있는 형태로 만드는 것이라는 '활용'의 측면이 중요한 '기술 대중주의'를 중요시 한다는 것이다. 애플의 '기술 대중주의'는 가장 이해하기 쉽고 쓰기 쉬운 기술을 추구한다. 매뉴얼을 보지 않고도 알 수 있고, 어린이나 장애인처럼 기술로부터 배제되어 온 사용자들까지도 배려하는 사용자 중심, 고객 중심 기술을 지향한다. '아이폰 4S'의 '시리(Siri)'가 기존의 음성인식과는 다른 '음성명령'으로서 음성인식이 목소리를 인식해서 문자로 바꿔 주거나 간단한 장치를 조작하는 것이라면, 음성명

령은 인공지능을 통해 자연어를 인식하고 이에 대해 반응하는 상호
작용을 포함한다는 것이다.

애플은 하드웨어와 소프트웨어는 융합되어야 성능을 최대한 발
휘할 수 있고, 사용자 편의성을 확보할 수 있다는 애플만의 철학을
가지고 있다. 인문학과 결합하는 기술이 애플의 유전자이자 기술
대중주의라고 할 수 있다. 라이프 스타일 창조를 통한 생태계의 동
반 성장전략을 통해서 인문학과 결합하는 기술로 디자인, 하드웨
어, 소프트웨어, 콘텐츠까지 융합을 통한 새로운 생태계로 확장시
키고 있다.

2.6.6. 애플의 기술융합 전략

일반적으로 기술 중심의 신제품이나 서비스를 최초로 공급하는
시장선도자(first mover)는 초기시장 선점의 이익과 리스크에 대한 불
확실성을 동시에 감당해야 한다. 반면에 초기 진입자 재빠른 2등기
업(fast second)은 기술시장으로부터 자유롭고 기존 시장에서 불확실
성을 감소시키는 시장선점 효과를 누릴 수 있다.

① 반보 전략(기술의 fast second, 제품의 first mover)

애플은 선도 기술의 'fast second'이면서, 신제품의 'first mover'라

는 초기 기술의 불확실성과 초기시장 선점의 이익을 취하기 위한 방법으로 자사의 강점인 지배적 디자인(dominant design)을 제품에 구현함으로써 새로운 시장을 창출하고 산업의 리더가 되는 경영전략을 성공적으로 정착시켰다.

기술에서 재빠른 2등 전략(fast second)을 추진하면서 새로운 시장 창출을 통한 독점적 이익과 산업 선도자의 지위를 가져가는 동시에 기술 선도자로부터 라이선스를 획득하거나 특허를 인수하여 비즈니스의 안정성과 시장의 지위를 공고히 한다. 지식재산 경영전략은 단순하면서도 저렴한 방식으로 프로세스를 이용하여 시장의 틈새를 가장 아래로부터 산업의 규모로 확장시키는 효과가 있다.

② 애플의 IP 확장 전략

2011년 7월 애플 컨소시엄은 노텔의 와이파이, 롱텀에볼루션와 같은 무선통신기술 특허 6,000건 인수를 통하여 PC 제조기반의 취약한 자사의 통신네트워크 특허 포트폴리오를 보완·강화하였다. 이것은 특허 1건당 75만 달러에 달하는 높은 금액이다. 대량으로 특허를 매입할 경우 통상적으로 5만~10만 달러 정도가 일반적인 특허시장의 거래 수준이므로 특허 거품이라는 평가를 받을 정도로 애플은 통신, 네트워크 특허에 공을 들이고 있는 것이다.

③ 애플의 특허포트폴리오

대표적인 융복합 분야인 스마트폰 시장은 기술혁신 속도가 빠르고 특허 출원이 많기 때문에 신제품 개발에 필요한 기술특허를 자체 개발로 모두 확보하는 것은 불가능한 상황이며, 2010년 이후 특허소송이 급격하게 증가하여 특허 경쟁력이 업계의 시장재편에 바로미터가 되고 있는 형국이다.

노키아의 애플 제소(2009.10)로 시작된 스마트폰 관련 특허소송은 2010년 3월 애플의 HTC제소로 본격화되고, 2011년 4월 애플이 삼성전자에 대해 특허침해소송을 제기함에 따라 플랫폼을 공유하는 생태계 간의 시장 확보를 위한 특허 전쟁으로 확대되고 있다. 애플이 가장 많은 노력을 기울이고 있는 분야는 사용자 인터페이스(UI : User Interface)와 사용자 경험(UX : User eXperience)에 대한 기술의 확보이다. 위치인식 기술, 자연적 유저 인터페이스(Natural UI) 기술, 인간정보처리 기술, 촉각재현 기술, 표면 컴퓨팅(Surface Computing) 기술, 감성 정보처리기술, 상황인지 플랫폼 기술 등이다. 다음으로는 인터넷 기반의 클라우드 컴퓨팅(Cloud Computing) 기술, 배터리 문제의 개선을 위해 저전력시스템 개발기술, 그리고 모바일 광고 시장에 대비한 기술이다.

핵심기술 중심으로 특허를 확보하는 애플의 특허전략은 상대적으로 적은 수의 특허를 확보하지만, 전략적 제휴나 M&A 등 애플의 오픈 이노베이션 전략은 보이지 않는 다수의 특허 포트폴리오를 구축하고 있음을 알 수 있다.

④ 오픈 이노베이션을 이용한 특허블록

스마트폰은 운영체제, 통신, 카메라, 데이터전송, 멀티미디어, 인터페이스 등 보유해야 되는 특허 범위가 최소 7,000개에서 최대 25만 개로 추정되는 특허 권리의 융합덩어리로 이루어진 첨단제품이다.

애플은 소프트웨어 기술의 강점과 핵심기술인 '터치스크린'에 대한 멀티터치 특허권을 2005년 핑거웍스 인수로 확보하여 특허포트폴리오를 강화하고 종국에는 특허블록를 형성하는 과정으로 추진하고 있다.

애플의 기술을 확보하는 방법은 자체적인 기술개발, 전략적 제휴, M&A를 통한 기술 확보라는 크게 세 가지 경로를 이용한다. 애플은 대부분의 기술을 자체적으로 개발하고 있으며 웹표준 기술에 대해서는 전략적 제휴를 하고 있다.

M&A의 경우 모바일광고 기업인 쿼트로와이어리스(Quattro Wireless)나 음악 스트리밍 사이트인 라라(Lala)처럼 자체적인 사업영역이 아닌 부문에 대해서 M&A를 통해 기술을 확보하고 있다.

결국, 애플의 기술융합 전략은 소프트웨어 · 인터페이스 · 디자인 같은 핵심기술은 내부 기술개발 중심으로 이루어지며, 신제품을 위해 개발되지 못한 기술은 전략적 제휴나 M&A를 이용한 오픈 이노베이션으로 보이지 않는 적지만 강력한 특허블록을 형성하여 대응하고 있는 것이다.

2.6.7. 애플의 오픈 이노베이션 경영전략

산업 내에서 고객들이 어떤 일을 하려고 하는지, 혹시 고객들이 현재 제품과 서비스의 혜택을 받지 못하고 있는 것은 아닌지, 아니면 제품과 서비스에 초과 만족하거나 불만을 갖고 있는지, 그리고 기업들은 어떤 차원에서 고객 확보 경쟁을 벌이고 있는지, 이러한 환경을 이용할 줄 아는 기업은 성장하면서 산업의 변화를 이끌 준비가 되어 있고, 그러한 성장은 신규 진입기업이 기존 시장에 침투할 수 있는 경쟁력을 제공한다.

① 기존기술의 융합

'발명'이 아니더라도 특허를 창조할 수 있다는 발상의 전환, 이것이 애플을 애플답게 하는 융합방식으로 자리 잡았다. 애플의 진정한 강점은 특허는 발명의 결실이라는 상식을 버렸다는 것이다. 세상에 있는 기술은 빌려 쓰고, 세상에 없는 기술은 개발하며, 다른 산업 · 다른 용도의 기술은 응용하고, 내가 가진 기술은 확장하여 신제품에 융합하는 능력이 IP의 경영전략으로 연속적인 융합시너지를 발현시키는 지식의 확장 메커니즘이다.

애플의 혁신전략은 기존 기술을 융합하고 고객의 욕구를 제품에 반영하여 사용자 편의성을 획기적으로 개선시키는 기술의 대중화에 탁월한 능력을 발휘했다. 2001년 10월 23일 애플은 컴퓨터 회사가 만든 휴대용 MP3플레이어 '아이팟'을 소개하며 인터넷 시대의 총아가 될 것으로 예고했다. 사람들이 모바일 혁명의 주인공이라 말하는 아이폰도, 사실 이 작은 아이팟에서 시작되었다.

② 애플의 디자인 혁신

애플은 다른 경쟁사들이 제품의 성능에 집중할 때 미니멀 디자인에서 제품의 차별성을 만들어 낸다. 티타늄으로 둘러싼 알루미늄 케이스의 맥북에어 노트북 모델은 디자인과 가격 그리고 성능이 조화된 제품으로 알려져 있다.

애플스토어 설계당시 사용자들이 컴퓨터와 교류를 최대로 할 수 있는 공간을 만들기 위해서 컴퓨터와 프린터, 카메라가 어떻게 작동하는지 볼 수 있는 구역, 멀티미디어 작업을 할 수 있는 구역 등 제품들이 유기적으로 작동하는 데모를 보여 주고 사용자가 직접 제품을 시연할 수 있는 공간을 설계했다. 애플스토어는 이제까지의 제품 중심의 유통 상점과는 다른 사용자 경험 중심의 독특한 구조로 성공을 거두었다.

애플은 이미 있었던 기술을 확장하거나 제품 카테고리를 달리하여 고객에게 만족을 주는 파괴적 혁신을 보여 주었다.

여러 가지 기술을 재조합하여 편리한 제품을 만든 사례는 'Nike Sport kit', '애플TV + iTune Store', '아이폰' 등에서 찾을 수 있다. 나이키스포츠 킷은 아이팟 나노와 나이키 신발의 센서로 운동량을 기록을 하는 방식으로, 원래는 핀란드의 Sunto Pod이라는 트레이닝 전문가 서비스를 일반 대중시장으로 비즈니스 모델을 확장한 것에 불과하다.

2.7. 오픈 이노베이션 사례 : P&G

2.7.1. P&G의 기업 개요

P&G(Procter & Gamble)는 1837년 비누 제조업자인 제인스 갬블(James Gamble)과 양초 제조업자인 윌리엄 프록터(William Procter)가 합작으로 미국 신시내티 지역에 설립한 회사이다. 신시내티는 비누

21세기 생존전략 4차 산업혁명

와 양초의 제조에 사용되는 돼지기름과 쇠기름을 얻기가 수월한 곳
이었으며, 제품의 수송을 위해 수로를 편리하게 이용할 수 있었다.
즉, 동물의 부산물인 지방과 오일이라는 공통의 재료를 사용하는
것이 P&G 설립을 위한 합작의 계기가 된 것이다.[7]

P&G가 미국 전역에 제품을 공급하는 기업으로 성장한 것은 설
립 후 30년 이상이 흐른 1870년대였다. 남북전쟁 당시 북군과 비누
와 양초 공급 계약의 체결로 백만 달러 기업으로 성장할 수 있었지
만, 1859년 펜실바니아에서 석유의 발견으로 핵심사업 중 하나인
양초제조업이 위기에 직면하게 되었다. 그래서 사업의 다른 한 축
인 비누 제조업의 경쟁력을 강화하지 않으면 안 되었는데, 이러한
위기에 대응하여 P&G가 출시한 제품이 아이보리(Ivory) 비누였다.

[그림 2-10] P&G 아이보리비누

---

7)　김석관 등, "개방형 혁신의 산업별 특성과 시사점", 과학기술정책연구원,
2008.12, 96~118page

아이보리의 성공에도 P&G는 여전히 쉽게 얻을 수 있는 재료를 사용하는 전통적인 비누 생산업체 중 하나에 불과하였다. P&G의 새로운 도약은 1940년대 합성 세제 타이드(Tide)의 개발을 통하여 이루어졌다. 타이드라는 제품의 개발 및 시판으로 P&G가 세계 시장에서 판매될 수 있는 신제품을 생산하기 위해 화학 실험 등을 통해 신기술을 개발하는 기업으로 변모한 것이다.

P&G는 소비재를 생산하는 기업 중 세계 최대 규모의 다국적 기업이 되었다. P&G의 2012년 매출액은 약 836억 달러에 이르고 기업가치 기준으로 미국 10대 기업에 속하는 기업이다. 연간 매출액 기준 10억 달러가 넘는 제품 23개를 보유하고 있으며 향후 10억 달러 이상 매출이 예상되는 후보 제품도 18개를 보유하고 있다. 예를 들어 타이드 세제, 팸퍼스 일회용 기저귀, 크레스트 치약, 오랄비 칫솔, 질레트 면도기, 듀라셀 건전지, 프링글스 스낵 등이 대표적인 제품이다.

[그림 2-11] P&G 타이드 세제

P&G는 지속적인 성장을 위해 기업의 혁신율이 획기적으로 향상될 필요가 있었다. P&G의 최고경영자들은 R&D와 혁신을 위한 비용이 빠르게 증가하여 매출 성장률을 초과하고 있기 때문에 기업의 지속 가능한 성장을 어렵게 하고 있다는 것을 깨닫기 시작하였다.

P&G 전략의 핵심은 혁신(innovation)이다. CEO인 라플리(A.G. Lafley)는 "혁신은 우리 생명의 혈액과 같다—새로운 아이디어와 제품은 소비자들을 더 잘 살게 하여 이익을 주고 이는 P&G로 하여금 시장점유율 향상과 이익을 얻게 하며 이것이 곧 주주들의 이익을 높여 주는 것이다"라고 천명하였다. 아이보리와 타이드의 개발 사례에서 나타나듯이 P&G가 현재의 모습으로 성장할 수 있었던 것은 1837년 설립 이래 꾸준하게 혁신하고자 하는 노력에서 비롯된 것이다.

그리고 P&G가 오픈 이노베이션의 가장 대표적인 성공 사례로 인용되는 C&D(Connect and Development)를 개발하여 성공적으로 도입한 것도 회사 설립 이래 170년 동안 이어 온 지속적인 혁신 경험이 있었기에 가능하였다.

2.7.2. C&D의 도입 배경

P&G와 같이 성숙한 시장에서 활동하는 대기업은 최소한 연간 4~6%의 성장을 달성하지 않으면 지속 가능하기 어렵다. P&G의 경우, 이는 연간 약 40억 달러의 새로운 비즈니스를 구축해야 함을 의미한다. P&G가 적은 기업이고 세계 시장이 다소 덜 경쟁적일 때 내부 R&D에 의존하여도 지속 가능한 성장을 달성하는 것이 가능하였다. 실제로 P&G는 글로벌 연구조직을 구축하고 세계 최고의 연구인력을 고용하여 유지하는 것과 같은 기업 내부 혁신을 통해 여러 세대에 걸친 획기적 성장을 달성하였다. P&G가 250억 달러 정도 매출 규모의 기업이었을 때까지 이러한 내부혁신 모델은 비교적 성공적으로 작동하였다.

[그림 2-12] P&G C&D 사이트

2000년대에 들어가면서 더 이상 자체발명(invent-it-ourselves) 모델로는 지속 가능한 성장을 달성할 수 없음을 느꼈다. 신기술들의 폭

발적 증가가 혁신을 위한 예산에 부담을 주기 시작하였으며, R&D 생산성도 떨어져 혁신 성공률은 35% 수준에 머물러 있었다. 많은 경쟁자들에게 뒤지며 분기별 이익은 목표치에 미달하며 신제품의 매출도 지지부진하여 P&G 주가는 118달러에서 52달러로 떨어지는 위기를 맞이하게 되었다. 결국 새로운 변화가 필요하게 되었다.

세계적으로 혁신 방식이 변화하는 시기에 P&G는 중앙집중형 접근에서 글로벌 네트워크형 내부개발 모델(managing across borders)을 도입한 1900년대 이래 혁신모델을 변화시키지 못하였다. P&G는 많은 중요한 혁신이 중소규모의 벤처기업에서 이루어지고 있으며 그 추세가 계속 증가하고 있음을 발견하였다. 개인들은 그들의 지적 재산권을 라이센싱하거나 판매하려 하고 있으며 대학과 정부연구기관들도 산업협력을 형성하고 그들의 과학적 성과물을 바탕으로 수익을 올리는 것에 많은 관심을 기울이기 시작하였다. 인터넷의 발전은 세계 시장에 대한 접근을 수월하게 하였고 IBM과 Eli Lilly와 같은 선진기업들은 경쟁자를 포함한 혁신자원(제품, 지적재산권, 인력 등)을 활용하는 오픈 이노베이션이라는 새로운 개념을 도입하여 실험적으로 운영하고 있었다.

2000년 당시 P&G의 상황이 그러했듯이 성숙된 기업들의 혁신 비용은 빠르게 증가되는 반면 R&D 생산성은 개선되지 않고 있었다. 이제 대부분 기업들의 CEO들은 회사의 CTO를 찾아가 "혁신을 위해 더 많은 R&D 투자를 합시다"라고 말하지 않게 된 것이다.

II. 오픈 이노베이션

그리고 이들 회사들은 기존의 혁신 모델로는 해결할 수 없는 성장 압박에 직면하게 된 것이다. 2000년 생산성의 지속적인 저하로 R&D 투자를 늘릴 수 없게 되자 P&G의 CEO인 라플리(A.G. Lafley)는 기업의 혁신 모델을 재창조하도록 스탭들에게 요구하였다.

우선, P&G는 회사의 대부분 중요한 혁신들이 내부 비즈니스들을 상호 연계시킴으로써 성공할 수 있었음을 깨달았다. 그리고 내부 연구소와 외부와 연계를 통해 창출된 소수 신제품들의 성과를 조사함으로써 외부와 연계하는 모델이 매우 수익성 있고 효율적인 혁신을 창출할 수 있음을 파악하게 되었다. 이러한 연계 모델이 미래 성장의 핵심이라는 것에 초점을 맞추어 CEO인 라플리(A.G. Lafley)는 외부로부터 혁신의 50%를 획득하는 것을 회사의 목표로 설정하였다. 이 전략은 P&G 내부의 7,500명 연구자들 및 이들의 지원인력을 대체하는 것이라기보다 이들을 기반으로 보다 효과적으로 레버리지하기 위한 것이다. 라플리(A.G. Lafley)는 "신제품의 50%는 내부 연구소로부터(from) 나올 것이고 나머지 50%는 내부 연구소를 거쳐(through) 나올 것이다."라고 천명하였다.

이러한 변화는 매우 혁신적인 아이디어였다. P&G가 외부의 혁신자원을 조사한 결과에 의하면, P&G 연구자 1인에 대해 전 세계에 비슷한 수준의 과학자 또는 엔지니어가 200명 정도가 있는 것으로 나타났다. 즉, 이는 P&G가 잠재적으로 활용이 가능한 150만 명의 과학자가 있음을 의미하는 것이었다. 그러나 외부 발명자들

의 창조적 사고를 활용하기 위해서는 P&G 내부의 대대적인 운영
상 혁신이 필요하였다. 그래서 P&G는 외부 혁신에 대해 저항적인
태도를 외부 혁신에 대해 자부심과 열정을 갖는 것으로 변화시키기
시작하였다. 또한 내부의 R&D 조직을 새롭게 정의하고 인식하
는 것, 즉 내부의 7,500명에 더하여 외부의 150만 명의 R&D 조
직으로 인식하여 상호 접근이 가능도록 내·외부 간 경계를 허물기
시작하였다.

그 결과 P&G는 지속 가능한 성장의 한계를 극복하기 위한 수
단으로 P&G 방식의 오픈 이노베이션 모델인 C&D(Connect and
Development)를 2001년 새롭게 창안하였다. 그리고 P&G는 소비자
들의 니즈에 대한 명확한 인식을 바탕으로 전 세계로부터 유망한
아이디어를 얻어 더 좋고 저렴한 제품을 신속하게 출시하기 위해
C&D를 내부 R&D와 제조, 마케팅, 구매 등에 적용하기 시작하
였다.

2.7.3. C&D의 주요 수단들

C&D는 P&G가 창안하여 채택한 오픈 이노베이션 모델이다.
P&G에 따르면, C&D는 "외부에서 개발된 지적재산권에 접근하고
내부에서 개발된 자산과 노하우를 외부에서 사용하도록 하는 것"
이라 정의될 수 있다. P&G는 오픈 이노베이션을 두 가지 방향, 즉

내부로(inbound) 그리고 외부로(outbound) 운영하고 있으며, 상표에서 포장까지, 마케팅에서 엔지니어링까지 그리고 사업서비스에서 디자인까지 모든 영역에 적용하고 있다.

① 사업 아이디어를 발굴하는 것

보통 C&D에 대해 처음 들을 때는 단순히 혁신을 외부에서 조달하는 것, 즉 혁신을 창출하기 위하여 외부와 계약을 체결하는 것으로 인식할 수 있다. 그러나 이는 사실이 아니다. 외부조달(outsourcing) 전략은 공급자들로 하여금 저렴하게 공급하도록 하는 것으로 공급자들에게 혁신 노력을 이전시키는 것과 같다. 이와 반대로 C&D는 새로운 아이디어를 발굴하고 내부 역량을 제고시켜 자본화하기 위하여 혁신을 내부화시키는 것이다. P&G는 회사가 적용할 수 있는 입증된 기술과 포장, 제품을 체계적으로 조사하는 것에서부터 전 세계의 외부기관들 또는 개인들과 협력하는 것이다. C&D의 이러한 과정을 통해 성공적으로 도입된 제품의 예로는 Olay Regenerist, Swiffer Dusters, Crest SpinBrush 등이 있다.

P&G는 C&D가 잘 작동되기 위해서는 무엇을 찾고 있는가, 즉 어디에서 사업을 수행해야 할 것인가(where to play)를 정확히 파악하는 것이 중요함을 인식하였다. 만약 정확한 목표를 주의 깊게 정의하지 않은 상태에서 출발한다면, 아마 P&G에게 유용하지도 않은 아이디어들로 넘쳐나 부담을 가질 수 있다는 것이다. 그래서 P&G

는 우선 이미 어느 정도 성공을 한 아이디어와 조사를 해야 할 것들, 즉 최소한 소규모라도 시판되고 있는 제품 또는 초기 제품모델(prototypes)과 기술, 소비자들의 관심이 입증된 제품에 대한 아이디어를 찾는 시스템을 구축하였다.

P&G는 자체의 기술과 시장, 유통, 기타 역량을 응용함으로써 혜택을 얻을 수 있는 아이디어와 제품에 우선적으로 집중했다. 이를 위해 P&G는 입증된 아이디어를 찾아야 되는 영역이 어디인가를 결정하였다. P&G는 크레스트(Crest), 챠민(Charmin), 팸퍼스(Pampers), 타이드(Tide), 다우니(Downy) 등과 같이 개인 위생제품과 가정의 세제제품으로 가장 잘 알려져 있지만 그 외에 스낵과 음료, 애완동물 식품, 처방약, 방향제, 화장품 등을 포괄하는 300개 이상의 브랜드를 가지고 있는 회사이다. P&G는 12개 국가의 22개 연구센터에서 수행되는 R&D를 위해 연간 약20억 달러를 사용하고 있으며 재료, 생명 공학, 영양학, 수의 약품 및 심지어는 로보틱스 분야들에 대한 연구를 수행하고 있다. P&G는 아이디어 조사를 위한 방향 설정을 위하여 다음 세 가지 환경 조사를 수행하였다.

▲ 10대 소비자 니즈

P&G는 1년에 한 번 각 사업단위에 대해 소비자들의 니즈가 무엇이며 그것이 반영되었을 때 회사 브랜드의 성장을 견인할 수 있을 것인가에 대해 조사를 수행한다. 이것이 통상적인 질문인 것 같지

만 기업에 근무하는 대부분의 연구자들은 브랜드 성장에 기여할 수 있는 것보다 그들이 재미 있어 관심을 갖고 있는 문제를 다루고 있다. 이러한 조사 결과를 바탕으로 각 사업단위는 10대 소비자 니즈 리스트와 기업 전체적으로 적용이 가능한 한 개의 니즈를 보고하게 된다. 기업 전체적인 니즈의 예들로는 "주름을 감소시키고 피부 조직과 기미를 개선하는 것", "토양 처리제와 굳어진 표면에 대한 복원력을 개선하는 것", "낮은 조면(lint)과 젖었을 때 잘 견딜 수 있는 부드러운 종이제품을 만들어 내는 것", "감기 증상의 강도와 지속 기간을 예방하거나 최소화하는 것" 등이 있다.

이러한 니즈 리스트들은 해결되어야 할 과학적인 문제들로 발전하게 된다. 문제들은 다시 프링글스(Pringles) 인쇄를 위한 잉크젯 공정기술을 발견하기 위해 작성된 것과 같은 기술 브리프(technology briefs)로 정리된다.

▲ 인접 분야

P&G는 인접 분야에 대한 조사를 수행한다. 이는 현재의 브랜드 기반을 잘 활용할 수 있는 새로운 제품이나 콘셉트를 발굴하기 위한 목적이다. 예를 들어, 물수건이나 패드와 같은 아기용품들이 1회용 기저귀인 팸퍼스와 인접한 영역인가를 결정하고 그리고 유사한 범주에 속하는 새로운 혁신적인 제품과 관련 기술을 찾는다. 구강용 제품에 인접한 영역에 목표를 집중함으로써 크레스트 브랜드를 치아 미백제품, 파워 칫솔, 등 치약 이외의 제품으로 확장할 수 있었다.

▲ 기술게임위원회

P&G는 일부 분야에서 한 분야에서의 기술 변화가 다른 범주의 제품에 어떻게 영향을 미칠 수 있는가를 평가하기 위한 이른바 기술게임위원회(technology game boards)를 운영하고 있다. 개념적으로 이러한 기획 수단을 활용하는 것은 체스와 같은 다층적 게임을 하는 것과 같다. 이들 위원회에서는 P&G의 핵심 기술들 중 어느 것을 강화해야 하는가 또는 경쟁자와 효과적으로 경쟁하기 위해서 어떠한 기술을 확보해야 하는가 그리고 보유하고 기술 중 어떤 것들을 라이센싱하거나 판매하고 추가적으로 공동개발해야 하는가 등에 대한 문제에 대한 답을 얻으려 노력한다. 도출된 해결 방안들은 혁신 조사를 위한 일련의 목표에 포함되게 된다. 이 위원회의 또 다른 중요한 임무는 P&G가 어떤 특정 분야를 해서는 안 된다라는 의견을 제시하는 것이다.

② 네트워킹

P&G의 글로벌 네트워크는 C&D를 실행하기 위한 활동들의 기반이 되고 있다. 하지만 네트워크 자체가 경쟁우위를 제공해 주지는 못한다.

보다 중요한 것은 어떻게 네트워크를 구축하고 활용하느냐 하는 것이기 때문이다. P&G는 니즈 리스트, 근접분야에 대한 지도 작성, 기술게임위원회 등에 의해 정의된 범주 내에서는 어떠한 아이디어에도 제한을 두지 않는다. 현재 P&G는 회사 내부의 비공개 네트워크와 타기업들도 이용 가능한 공개 네트워크를 동시에 운영하고 있다. P&G는 이러한 네트워크를 활용하여 대학과 연구기관뿐만 아니라 개인들로부터 아이디어를 얻고 있으며, 공급자, 소매상, 경쟁자, 개발 및 무역 파트너들, 벤처캐피털, 개인사업가들로부터도 다양한 아이디어를 찾고 있다. 다음은 P&G가 새로운 아이디어를 찾기 위해 활용하는 핵심 네트워크이다.

○ 비공개 네트워크

P&G는 C&D 활동을 위하여 다양한 비공개 네트워크(proprietary networks)를 운영하고 있는데 다음은 대표적인 비공개 네트워크이다.

▲ 기술사업가

C&D 운영의 중심은 전 세계에 있는 기업 내부 70명의 기술사업가 네트워크이다. 이들 선임급(senior) 직원들은 니즈 리스트와 근접분야에 대한 지도를 작성하고 기술게임위원회를 주도하며 해결해야 할 문제들을 재정리하는 기술브리프를 작성한다. 이들은 또한 대학과 산업계 연구자들과 모임을 갖거나 공급자 네트워크를 형성함으로써 외부 조직들과의 네트워크를 구축한다. 그리고 P&G의 각 사업단 의사결정자들이 이러한 네트워크를 활용하도록 지원하는 역할도 담당한다.

기술사업가들은 과학문헌, 특허 데이터베이스와 아이디어 원천을 찾기 위한 물리적 활동, 예를 들어 유럽의 상점에 전시되어 있는 제품을 조사한다거나 제품 및 기술박람회를 찾는 등의 적극적 조사활동을 수행한다. 인터넷상에서 아이디어를 찾는 것이 필요하고 효과적이지만 이것만으로 충분하지 않기 때문이다. 일본의 지역시장을 조사하는 과정에서 한 기술사업가는 큰 성공을 거둔 'Mr. Clean Magic Eraser'라는 제품에 대한 아이디어를 얻기도 하였다.

기술사업가는 중국, 인도, 일본, 서유럽, 남미, 미국 6개 지역에 위치한 C&D 허브(hub)를 중심으로 활동하고 있다. 각 허브는 각각의 지역별 특성을 감안하여 제품과 기술을 찾는 데 중점을 두고 있는데, 예를 들어 중국에서는 새로운 높은 품질의 원료와 비용 혁신 즉 낮은 비용으로 제조할 수 있는 중국 고유의 능력을 이용할 수 있는 제품을 찾고 있으며, 인도에서는 제조공정의 문제들을 해결하기 위해 컴퓨터 모델링과 같은 수단을 활용하는 등의 고유의 과학적 능력을 활용하는 데 중점을 두고 있다. 2006년까지 P&G의 전 세계 기술사업가들은 1만 개 이상의 제품, 제품아이디어와 유망한 기술들을 발굴하였다고 한다.

▲ 공급자

P&G에 제품이나 원료를 공급하는 대표적 15개 공급자들은 약 5만 명의 R&D 스탭들을 보유하고 있다. 처음 C&D를 구축할 때부

터 P&G는 이러한 공급자들의 자원이 혁신을 위해 중요한 밑거름이 될 것이라고 생각했다. 이를 효과적으로 활용하기 위하여 P&G는 공급자들과 기술브리프를 공유할 수 있는 안전한 IT 기반을 구축하였다. 예를 들어, P&G가 옷감이 드라이에서 나온 후 일정 기간 동안 세제의 향을 유지시킬 수 있는 방법을 찾고 있을 때 한 화학전문 공급자가 해결방안을 제시하기도 하였다. P&G가 공급자 네트워크를 구축한 이래 P&G와 공급회사의 연구자들이 공동으로 문제를 해결한 혁신의 비율이 30% 증가하였다. 공급회사의 연구자들이 P&G의 실험실에서 연구를 수행하기도 하며 어떠한 경우에는 P&G의 연구자들이 공급회사의 실험실에서 연구를 수행하는데, 이는 과거의 전형적인 공동개발(joint development) 이상의 협력인 이른바 공동창조(cocreation) 형태이다.

가끔은 P&G와 공급자의 고위급 인사들이 참여하는 회의(top-to-top meetings)를 하기도 한다. 여기에서는 상호 간의 관계를 개선하거나 아이디어를 나누며 각각의 능력에 대한 각자의 이해를 증진시킨다.

○ 공개 네트워크
P&G는 내부의 비공개 네트워크를 보완하기 위해 공개 네트워크를 운영하고 있다. 다음 네 개의 네트워크가 특히 C&D를 위해 유용한 자원으로 인용되고 있다.

▲ NineSigma

P&G는 과학기술적인 해결 방안을 찾고 있는 기업들과 이러한 문제를 해결할 수 있는 대학, 정부연구소, 컨설팅기관들을 연결시켜주는 NineSigma를 2000년에 설립하였다.

예를 들어, P&G가 찬물에서도 세탁이 잘되는 세제를 개발하는 경우와 같은 해결해야 할 기술적인 문제를 가지고 있을 때 NineSigma는 이러한 문제를 설명하는 기술브리프를 작성하고 이를 자체적인 네트워크로 유지하고 있는 전 세계 수천의 기술공급자들에게 제공한다. 모든 기술공급자들은 공개적인 방식으로 해결 방안을 제시하기 위한 제안서를 NineSigma에 제출할 수 있으며, 제출된 제안서는 P&G에 전달된다. 만약 P&G가 전달받은 제안서에 만족을 하면 NineSigma는 P&G와 기술 공급자를 연결해 주고 이때부터 문제 해결을 위한 프로젝트가 진행된다. 2006년까지 P&G는 NineSigma를 통해 70만 명 이상의 기술공급자들에게 기술브리프를 배포하였으며 그 결과로 100개 이상의 프로젝트를 진행하였고 이들 중 45%가 추가적인 협력으로 연결되었다.

[그림 2-13] NineSigma 구조

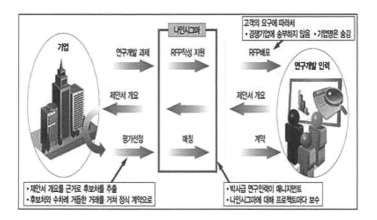

* 출처 : 김종관, "웹 2.0 시대의 기업경영", 신한FSB리뷰, 2007.2.1.

▲ InnoCentive

제약회사 Eli Lilly가 2001년 설립한 InnoCentive는 NineSigma와 유사하지만 보다 세밀하게 정의된 과학적 문제들에 대한 해결 방법을 중개한다는 점에서 차이가 있다. 예를 들어, P&G가 다섯 단계의 과정을 거쳐야 하는 화학반응을 채택하고 있는데 이를 3단계로 줄일 수 있는 방법을 찾고 있다고 할 때 InnoCentive는 자체적으로 계약한 75,000명의 과학자들에게 이 내용을 알린 후 그에 대한 회신 결과를 P&G에 통보해 주면, P&G는 스페인의 대학원생, 인도의 화학자, 미국의 화학 컨설턴트, 이탈리아의 농화학자 등으로 하여금 해당 문제를 해결하도록 지원해 준다. 2006년까지 P&G가 InnoCentive에 의뢰한 문제들 중 약 3분의 1이 해결되었다.

[그림 2-14] Innocentive 구조

* 출처 :이승환, "혁신형 창업 활성화의 비결, 플랫폼", CEO Information, 2013.9.11.

▲ YourEncore

YourEncore는 P&G가 2003년 설립한 회사로 현재는 독립적으로 운영되고 있다. YourEncore는 약 800명에 이르는 150여 개 기업 출신의 능력 있는 은퇴 과학자들과 엔지니어들을 고객 기업들에게 연결해 주고 있다. 기업들은 YourEncore를 통해 특정 분야에 정통한 경험을 갖고 있거나 내부의 조직과는 다른 새로운 발상을 가지고 있는 인력을 구할 수 있다. P&G도 가상적 제품 원형제작(prototyping)과 제조설계의 전문성을 활용하기 위하여 보잉사의 은퇴한 엔지니어를 채용한 적이 있다. 이 방식의 가장 큰 장점은 기업들이 문제 해결을 위한 학제적(cross-disciplinary) 접근에 있어 보다 낮은 비용과 적은 위험으로 시도할 수 있다는 것이다. P&G의 입장에

서는 언제든지 자체 문제 해결을 위해 YourEncore를 통해 약 20명
의 은퇴 과학자들을 확보하는 것이 가능하다고 한다.

▲ Yet2.com

Yet2.com은 지적재산권 거래를 위한 온라인 시장이다. 1992년
P&G는 포춘 100대 기업의 일원으로서 Yet2.com에 초기투자를 하
였다. Yet2.com은 기업들의 기술적 문제 해결 방안을 찾는 데 도
움을 주는 NineSigma와 Innocentive와 달리 기업, 대학, 정부연구
소 상호 간 기술이전을 중개한다. Yet2.com은 고객들을 위해 구입
하거나 라이센싱 해 주고자 하는 기술들에 대한 브리프를 작성하고
이를 전 세계의 기업, 정부연구소, 기관들로 구성된 네트워크상의
회원들에게 배포를 한다. 공시된 기술브리프에 관심이 있는 회원
들은 Yet2.com을 접촉하여 의뢰 고객들에 대한 소개를 받으며, 일
단 소개가 이루어진 후에는 의뢰 고객과 회원이 직접 협상을 진행
하게 된다.

Yet2.com을 통해 P&G는 의약전달 전문 기업에게 미세바늘
(microneedle) 기술을 이전한 적이 있는 등 P&G의 핵심 사업과 관련
된 자체 기술들에 대해 외부와 라이선스 계약을 체결해 오고 있다.

③ 실행 방법

P&G는 전 세계의 네트워크를 활용하여 얻은 제품과 아이디어에 대해 내부적인 평가를 거쳐 선별하는 작업을 수행한다. 이러한 평가는 P&G가 무엇을 찾고 있는가라는 핵심에 대한 P&G 전체 조직의 이해를 바탕으로 이루어진다. 기술사업가(technology entrepreneurs)는 연구소의 책임자를 만나고 특허를 조사하며 현장의 제품들을 선별할 때 어떠한 제품, 기술, 아이디어가 P&G가 추구하는 기준(where-to-play criteria)을 충족하는가라는 초기 단계의 평가를 수행한다. 한 기술사업가가 지역의 한 가게에서 이러한 선별 기준에 적합한 유망한 제품을 발견하였다면, 기술사업가의 그다음 역할은 해당 제품을 P&G의 온라인 "eureka catalog"에 어떠한 제품이며 어떻게 P&G의 사업 니즈에 적합한가 그리고 관련 특허는 활용 가능한가, 현재의 매출액은 얼마인가 등의 정보가 담긴 카달로그를 작성하여 게재하는 것이다. 제품에 대한 정밀한 사진이 포함된 카달로그는 P&G 전 세계의 관련 고위 관리자, R&D팀 등에게 평가를 위해 배포된다.

기술사업가는 또한 관련 사업단(business unit)의 관리자에게 해당 제품을 적극적으로 추천할 수도 있다. 제품이 유아사업부 관리자의 관심을 얻게 되면 해당 관리자는 자체 사업목표와의 일관성을 평가하여 P&G가 해당 제품을 개발하기 위해 요구되는 기술인프라를 가지고 있는가와 같은 보다 실제적인 질문들을 부연하여 제시하게 된다. 만약 해당 제품 아이디어가 지속적으로 유망하다는 인정을 받게 되면 소비자 패널에 의한 평가를 거치게 되고 그 결과가 긍정적이라면 P&G의 제품개발 포트폴리오로 편입되게 된다. 그 이후 P&G는 내부의 외부사업개발(EBD : External Business Development) 팀이 참여하여 제품 제조업자를 접촉하고 라이센싱과 협력 등 기타 사업 관계에 대한 협상을 진행한다. 여기에서 EBD의 주된 임무는 P&G가 보유한 지적재산권을 제3자에게 라이센싱하는 것이다. P&G의 경험에서 비추어 볼 때 가장 수익성이 높은 대안은 해당 회사와 상호 간 지적재산권을 주고받는 것이었다.

다음 단계로 P&G 외부에서 발견된 제품이 내부에서 개발된 제품과 같은 제품개발 파이프라인으로 편입한다. 실제로는 이제까지 설명된 것보다 훨씬 복잡하고 엄격한 과정을 거치기 때문에 외부에서 발견된 100개의 제품 아이디어당 단지 한 개의 제품만이 시장에 출시된다고 한다.

④ 기업문화의 혁신

C&D 프로그램에 대한 조직적인 뒷받침이 없었다면 외부에서 얻어진 많은 제품들이 성공하기 어려웠을 것이다. 일단 한 개의 제품 아이디어가 P&G의 개발 파이프라인으로 편입되면 많은 경우 R&D, 제조, 시장조사 등 추가적인 노력을 필요로 한다. P&G는 C&D를 성공적으로 운영하기 위하여 과거의 중앙집중적이고 내부

지향적인 것에서 벗어나 외부와 원활한 연계를 위한 시스템을 구축하기 위하여 내부의 많은 문화적인 변화를 거쳐야 했다. 이러한 변화는 외부로부터 아이디어를 얻기 위한 공개적 통로를 개척하는 것뿐만 아니라 내부에서의 원활한 아이디어 교환도 포함된다.

P&G는 모든 제품개발 프로그램을 진행하는 과정에서 R&D팀에게 관련된 작업이 회사외부 어디에선가 이루어지고 있지 않은가 그리고 그것이 협력자든 공급자든 외부에서 그것에 대한 해결 방안을 가지고 있는가를 확인하는 것부터 시작한다. 이러한 것들을 확인한 후에야 P&G는 처음부터 해당 제품을 개발하기 위해 요구되는 문제 해결 작업을 시작하게 된다. 문제 해결을 위한 방안이 외부 또는 내부 어디에서 오건 해당 최종 제품이 시장에서 성공을 거두기만 한다면 개발 과정에 관여한 직원들에 대한 보상은 동일하게 이루어진다. 실제로 해당 직원들이 신속한 제품개발에 기여한 정도가 보상을 위한 주요 판단기준이 되기 때문에, P&G 보상시스템에서는 외부에서 얻어진 아이디어를 통해 개발된 혁신이 보다 유리할 수도 있다. 이의 대표적인 예가 개념 정립부터 시장에 출시되기까지 신속하게 진행된 프링글스 인쇄(Pringles Prints)이다.

[그림 2-15] 프링글스

II. 오픈 이노베이션

이 심한 감차칩 위에 인쇄하는 과정에서 기술적 어려움에 직면한 P&G는 자체적으로 운영하고 있었던 외부전문가 네트워크를 통해 이탈리아 볼로냐에서 빵집을 운영하는 한 대학교수가 자신이 개발한 식용잉크 분무기술을 빵 만드는 데 활용하고 있다는 것을 파악했고, 이 기술 소유자와의 제휴를 통해 신상품 개발을 1년이라는 짧은 시간 안에 완성할 수 있었던 것이다.[8]

P&G의 보상시스템은 두 가지 목표를 추구하고 있다. 첫째는 그것이 어디에서 오든 최상의 아이디어를 얻기 위한 것이고 둘째는 내부조직에 대해 혁신을 위한 지속적인 압력을 주는 동시에 NIH(Not Invented Here)에 대한 저항 심리를 없애는 것이다. C&D의 시행 초기 직원들은 C&D가 그들의 일자리를 빼앗거나, P&G가 기업 자체의 경쟁력을 잃어버릴 것이라는 우려를 많이 했다. 외부에서 얻는 아이디어가 많아지게 되면 내부에서 얻어야 하는 아이디어의 수가 적어질 것이라는 예상이 가능하였기 때문에 직원들의 이러한 걱정은 나름대로 타당성이 있었다. 그러나 P&G가 지속 가능한 성장을 추구하는 한, 아이디어 발굴을 통한 훌륭한 신사업 개발의 필요성에 대한 한계는 존재하지 않았다. 실제로 P&G에서 C&D 시행의 결과로 R&D 직원의 수는 감소하지 않았으며, 새로운 관리기술을 개발하여 적용하는 것도 가능해졌다. P&G에 여전

---

8)   한유경, "참여와 공유의 개방형 혁신", 신한FSB리뷰, 2007.11.1

히 C&D를 받아들이지 않는 그룹이 있을 수 있지만 그 수는 감소되고 있으며 그에 따른 혜택들이 발생하게 되자 직원들은 C&D가 자신들의 경쟁력을 강화시키고 있음을 깨닫게 되었다.

2.7.4. C&D의 성과

현재 새로운 혁신 모델 C&D는 성공적으로 작동되고 있으며 당초 목표로 했던 성과를 내고 있다. C&D를 실행할 당시 시장에서 판매되는 신제품의 50% 이상을 외부로부터의 혁신을 통해 획득하기로 한 목표는 이미 달성된 것으로 평가되고 있다. C&D를 실행하기 시작한 2000년 당시 시장에서 판매되는 P&G 신제품의 단지 15%만이 외부에서 비롯되었지만 2006년에는 그 비중이 35% 이상으로 증가되었으며 현재 개발 중에 있는 신제품 포트폴리오의 45%는 외부에서 발견된 것이다. 2007년에는 그 비중이 50%를 상회한 것으로 나타나 이미 당초의 목표를 초과 달성하였으며, 시장에 출시된 제품 파이프라인의 절반 이상이 외부에서 기술을 도입하거나 C&D 연계를 통해서 탄생되었다.

또한 C&D의 도입을 통해 제품원가, 디자인, 마케팅과 관련된 혁신의 개선과 더불어 R&D의 생산성은 60% 가까이 향상되었으며, 매출 대비 R&D 투자 비중은 2000년 4.8%에서 2006년 3.4%로 낮아졌다. P&G의 혁신 성공률은 두 배 이상 증가한 반면, 혁신의 비용은 절감된 것이다. 지난 2년간 100개 이상의 신제품이 일부라도 외부에서 비롯된 제품들이었다. 2000년 P&G 주식의 폭락이 있은 지 5년 후 주가는 두 배로 상승하였고 매출액은 2002년 약 400억 달러에서 2007년에는 약 760억 달러로 증가하였으며 순이익율 또한 2000년 8.4%에서 2007년 13.5%로 증가하였다.

2.8. 오픈 이노베이션 사례 : Dupont

2.8.1. 개요

1802년 미국 델라웨어주에 설립된 듀폰(Dupont)은 화학 관련 기업으로서, 현재 70여개국에서 농업(agriculture), 영양(nutrition), 전자(electronics), 통신(communications), 안전(safety)과 보호산업(protection), 생활용품과 건축(home and construction), 수송(transportation), 의류(apparel) 등 광범위한 산업분야에서 혁신적인 제품과 서비스를 제공하고 있다.[9]

---

9) 김석관 등, "개방형 혁신의 산업별 특성과 시사점", 과학기술정책연구원, 2008.12, 119~135page

1802년 프랑스에서 미국으로 건너온 창립자 E.I. DuPont은 미국 동부지역에 화학공장을 설립하였다. 이후 듀폰은 독립 전쟁 및 남북 전쟁을 거치면서 1차 혁신을 통하여 화약을 핵심사업으로 하는 미국 내 최대의 화약제조회사로 성장하였다. 듀폰은 1902년 현재의 중앙연구소라 할 수 있는 Experimental Station을 설립하였으며, 세계 최초로 만든 이 민간연구소를 통해서 신물질을 개발하고 응용 시장 개척 및 신제품 개발에 매진하였다. 이 시기에 합성섬유인 나일론(Nylon), 폴리에스터, 테프론(Teflon) 등 기술과학을 기반으로 전 세계 사업과 일상생활에 모태가 되는 소재 및 제품을 개발하였다. 1990년대 회사의 미션인 지속적인 성장을 위하여 3차 혁신, 즉 기존의 화학에 생물학을 접목시킨 바이오 산업과, 소재산업, 안전 및 보호, 지식기반산업을 Dupont의 전략산업으로 지정하였다.

최근 이루어지고 있는 듀폰의 연구 및 사업 전략은 바이오 테크놀로지와 관련이 있다. 특히, 2006년에는 "듀폰 2015 지속 가능성 목표"를 선포하기도 하였는데, 이 전략은 바이오 에탄올의 주원료인 옥수수의 품종 개량과 에탄올 추출 기술 개발 등을 통한 바이오 연료 개발 및 연료전지 개발 등 지속 가능한 성장과 직접적으로 연관되어 있다. 특히, 운송과 건설, 농업과 식품, 통신 등 듀폰의 주요 글로벌 시장에 보다 안전하고 환경친화적인 신제품을 개발한다는 내용을 포함하고 있다.

[그림 2-16] 듀폰의 사업 역사 및 차세대 사업 전략

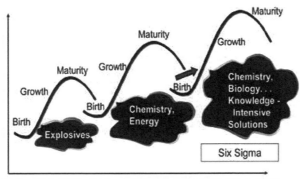

현재 듀폰은 전 세계 70여 개국에 6만여 명의 종업원을 고용하고 있는 거대 화학기업으로 자산규모 341억 달러, 매출액 294억 달러 수준이다(2007년 기준). 또한, 2007년 현재 13.4억 달러 규모의 R&D를 투자하고 있으며 미국 내 40개 연구소와 11개국 35개 연구소를 운영중이며 중앙연구소에만 1,500명의 연구인력을 확보하고 있다.

2.8.2. 듀폰의 기술혁신과 R&D 문화

2차 대전 직후는 기초 과학연구의 진공상태라고 해도 과언이 아니었지만 듀폰은 연구조직을 강화하고 새로운 프로세스를 개발하

였다. CEO와 경영진의 원천기술개발에 대한 강력한 의지가 지금의 듀폰으로 성장하게 한 초석이 된 것이다.

듀폰의 R&D 수행에는 3가지 원칙이 있다. 첫째는 기술이 반드시 독창적이어야 하며, 둘째는 고객에 대한 제공가치가 명확해야 하며, 마지막으로 상업적으로 성공할 수 있는 계획을 가지고 있어야 한다. 결국 장단기 R&D를 불문하고 철저하게 차별성을 확보하지 않으면 탈락될 수밖에 없는 시스템이 항상 작동하고 있으며, 이것이 창의성을 유지함과 동시에 지나친 연구지상주의를 경계하는 장치가 되고 있다. 듀폰은 기술의 효율성을 증진하기 위해서 다음과 같은 기본 추진방안을 가지고 있다.

- 시장에 대한 통찰력과 예지력을 증진
- 사업부의 리소스를 '유지'에서 '성장'으로 이동
- '중요한 몇 가지'에 대한 집중
- 중앙연구소의 기능을 '능력'에서 '프로젝트' 위주로 이동
- 기술의 목표를 설정

R&D를 위한 전략적 마케팅은 흔히 내부로의 마케팅을 의미하며 리소스를 적극적으로 이용하고 아이디어를 정확히 파악하여 이를 효율적이고 생산적으로 활용해 나가는 것을 실천 방안으로 삼는다. 다음은 듀폰이 제시하는 R&G의 기본 방향이다.

▲ 원칙 있는 혁신 프로세스 수립

프로젝트 선정과 실행에 대한 기준으로 시장성이 있는가, 기술이 유일한 것인가 그리고 상업화에 대한 가능성이 있는가는 듀폰에 있어 중요한 요소이다.

▲ 리소스 배분

성장과 유지의 비율을 2000년 각각 40대60이었던 것을 2002년도에는 50대50 비율 그리고 65대35 비율로 향후 목표를 잡고 있다. 포트폴리오 관리 분야에 있어 현재 동시에 진행 중인 4,000개의 프로젝트 수를 식스시그마 기법을 도입하여 매년 20퍼센트씩 줄여 나가고 있으며 중요한 몇 가지에만 집중하는 전략으로 수정하고 있다.

▲ 중앙연구소에 있어서의 포트폴리오 관리

[그림 2-17] APEX 프로세스

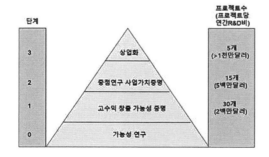

* 출처 : Y. S. Don, "Global 기업의 혁신기술경영", 기술경영원, 2005.11.11.

APEX 프로세스는 4단계로 구분되어 각각의 단계를 통과(Stage Gate Process)하면서 프로젝트 진행 여부나 펀드 분배액수 등이 구분된다. 4단계는 가능성연구(1단계), 고수익 창출 가능성을 증명(2단계), 집중적연구, 사업화가치 확인(3단계), 상업화(4단계)로 구분되어 있다.

[그림 2-18] 상세 APEX 프로세스 내용

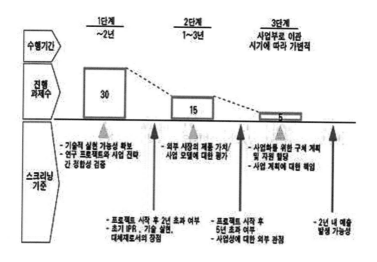

출시된 지 5년 이내의 제품으로부터 발생되는 매출이 3분의 1이 되는 것을 목표로 하는데 현재는 24% 수준이다. 기존시장에서의 제품군 확대를 강화하는 "Top 75"프로그램의 지속적 실시, 새로운 시장에서의 기회 확보를 가속하는 APEX 프로세스 실시 등이 이를 구현하는 동력이다.

II. 오픈 이노베이션

2.8.3. 듀폰의 오픈 이노베이션 전략

최근 세계 화학산업은 새로운 전환점을 맞이하고 있다. 무엇보다 화학산업이 전반적으로 성숙기에 진입함에 따라 기업 간의 경쟁이 극심해지고 있다. 특히 범용소재 분야에서는 1990년대 이후 기업들의 공격적인 생산능력 확대로 만성적인 공급과잉이 나타나고 있으며, 이로 인해 기업의 수익성이 위협받고 있다. 또한 그동안 상대적으로 고부가가치 분야로 생각되었던 스페셜티 분야 역시 경쟁 심화로 제품의 기능 외에 가격이 중요한 경쟁요소로 자리 잡음에 따라 수익성이 점점 악화되고 있다.

이처럼 기존의 사업영역과 기술역량으로 달성할 수 있는 수익성과 성장성이 점차 제한됨에 따라 기술력 확보를 통한 새로운 사업영역을 발굴하고 육성해야 할 필요성이 점차 증대되고 있다. 더욱이, 생명과학, 정보기술, 나노기술 등의 발전으로 이를 활용한 신사업 개발이 가능해졌으며, 이러한 환경 변화는 기업에게 새로운 부가가치 창출의 기회를 제공하고 있다. 따라서 화학기업들이 향후 지속적인 성장을 이룩하기 위해서는 부단한 혁신과 신제품 개발로 새로운 경쟁우위를 확보할 수 있는 미래 성장전략을 수립하는 것이 그 어느 때보다 중요해지고 있는 것이다.

듀폰의 경우도 다른 소재·화학 기업과 마찬가지로 새로운 비즈니스 모델(business model)의 확보가 주요 이슈이며, 이를 위해 아래 그림과 같은 오픈 이노베이션을 채택하고 있다. 이 새로운 비즈니스 모델은 신재료 연구개발, 새로운 파트너 확보와 라이센싱을 통한 지식자산으로부터의 가치창조 등을 위한 투자를 포함하는 것이다. 이 비즈니스 모델의 핵심은 대학, 창업기업(start-ups), 공공연구기관 등의 기술공급자와 투자자, 심지어는 경쟁기업들과의 협력(co-operation)이라 할 수 있다.

  파트너와의 협력에 기반한 듀폰의 오픈 이노베이션 전략은 크게 라이센싱, 인수합병, 기술제휴, 구분할 수 있지만, 대표적인 오픈 이노베이션 전략을 꼽으라면 라이센싱 전략이라 할 수 있다. 이는 화학산업의 특성상 연구개발의 성과물인 물질특허는 특허권으로 보호받고, 제품을 생산하는 공정기술 또한 막대한 시설비용으로 인하여 쉽게 모방할 수가 없기 때문이다. 다시 말하면, 기술의 전유성이 다른 어떤 산업보다 강하기 때문에 라이센싱 전략이 유효한 것이다. 또한 1,900개가 넘는 특허를 보유하고 200년 넘게 화학분야의 선두주자를 지켜 온 듀폰으로서는 자신의 기술적 독점력을 십분 활용할 수 있는 라이센싱 전략이 유효하다고 하겠다. 또한 듀폰은 재료공급업체로서 공급사슬(supply chain)상 상위에 존재하는 화학기업이기 때문에 자신의 기술을 필요로 하는 하위 사슬에 존재하는 기업을 보다 쉽게 찾을 수 있다.

II. 오픈 이노베이션

[그림 2-19] 듀폰의 new business model

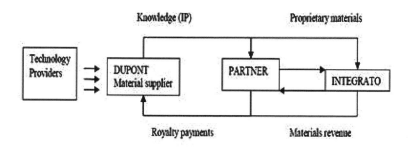

이렇듯 듀폰은 오픈 이노베이션에 기반한 새로운 비즈니스 모델을 통하여 미래 성장 사업으로 선정한 디스플레이 및 전자재료, 농화학·바이오, 나노 사업에 역량을 집중함으로써 10%의 연평균 성장률을 유지하고 있다. 이를 위해 듀폰은 우선 자신의 본류라고 할 수 있는 섬유사업을 과감히 포기했다. 이보다 앞서 1999년에는 에너지 사업을 분리하였고, 2001년에는 의약 사업을 매각하고 관련 축적기술들은 거대 제약회사에 라이센싱하는 전략으로 선회하였다. 마침내 2003년에는 듀폰 성장의 중심축이었던 섬유사업(Invista)마저 분사(Spin-off)하게 되었다.

듀폰은 지속적인 성장을 그들의 존재 이유이자 사명이라 생각하고 있다. 따라서 3가지 성장전략, 즉 R&D를 통한 사업화 가속, M&A를 통한 성장 기회포착, 협력을 통한 역량 극대화를 기반으로 끊임없이 성장을 도모하고 있다. 그 결과 매출액이나 영업이익

21세기 생존전략 4차 산업혁명

율 면에서 꾸준한 성장을 보이고 있으며, BT, NT 등 신사업 부문의 비중이 높아지고 오픈 이노베이션형 기술혁신을 포함한 기술혁신에 의한 신제품의 매출액 기여도가 30%를 넘어서고 있다.

[그림 2-20] 듀폰의 성장

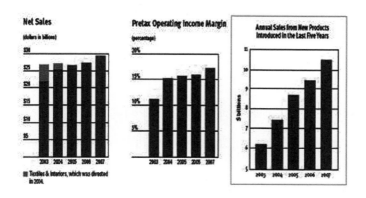

* 출처 : Dupont 2007 Annual Review

① 라이센싱 전략

꾸준한 원천기술 개발에 주력한 듀폰은 자신의 사업전략과 부합하지 않는 분야의 기술을 라이센싱 함으로써 새로운 수익을 창출하는 전략을 추구하고 있다. IBM이 자신이 보유한 지식재산을 외부에 라이센싱하는 대표적인 기업이지만 듀폰도 이에 못지않게 1970년대부터 외부로의 라이센싱을 추구하고 있다. 초기에는 공정기술에 한정한 라이센싱을 수행하였으나 최근에는 다양한 기술들의 라이센싱을 추구하고 있으며, 그 결과 2001년에는 라이센싱 수입만 3억 달러를 넘고 있다. 이러한 지식자산(Intellectual Assets)의 판매를 위해 자신의 웹사이트(Dupont Technology Bank)를 운영하고 있으며, 전문컨설턴트와 기술거래 전문기업인 Yet2.com을 이용하고 있다. 듀폰은 지식재산의 라이센싱 이외에도 1990년대 중반부터 자신의 특허를 병원, 대학 등 비영리 기관에 기부하고 있다. 특허기부의 주된 목적은 세금혜택과 공공부문의 관계 개선을 위한 것이다.

듀폰이 라이센싱을 하는 가장 큰 목적은 새로운 수입 창출이다. 지식자산(IP)을 라이센싱해 줌으로써 연구개발 투자에 대한 부가적인 사업가치를 창출하고, 기업의 사업전략과 부합하지 않는 기술을 라이센싱해 줌으로써 부가적 수입을 획득할 수 있다. 이러한 이유로 일부 기술들은 라이센싱의 목적만을 위해 특별히 개발되기도 한다. 이러한 라이센싱 전략은 듀폰이 소유하고 있는 기술에 대한 새로운 시장을 만들어 주기도 한다. 세계 경제에 급부상하고 있는 중국과 인도가 듀폰의 기술 라이센싱의 주된 시장이라고 볼 수 있다. 이처럼 듀폰은 외부로부터 혁신 기술을 탐색하고 도입하는 것보다는 자신이 보유하고 있는 기술들을 라이센싱함으로써 새로운 가치를 창출하고 있다. 이러한 라이센싱 전략이 가능할 수 있는 것은 매년 2,000건 이상의 특허를 생산함으로써 강력한 특허포트폴리오(patent portfolio)를 구축하고 있기 때문이다.

듀폰은 전략적(strategic) 차원에서 지식재산 관리 및 라이센싱을 행하고 있으며, 이를 위해 IA&L(Intellectual Assets and Licensing)이라는 사업부서를 창설하여 다른 26개의 사업부서의 지식재산을 관리하고 라이센싱 업무를 총괄하고 있다.

이 사업부서의 업무는 라이센싱 수입의 확대로서 다른 사업부서와 공동으로 공정기술, 특허 등을 목적에 맞게 구별하고 라이센싱 대상이 되는 기술 판매를 위해 대상을 탐색하고 협상해서 라이센싱 계약을 맺게 된다. 계약 성사 후에는 지속적인 프로젝트 관리와 기술서비스를 수행하여 로열티 수입의 극대화를 꾀하고 있다.

[그림 2-21] IA&L 사업 모델

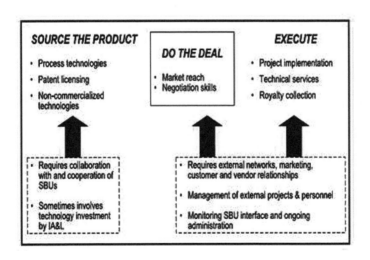

IA&L은 개발단계에 따라 라이센싱 전략을 다르게 하고 있다. 기초기술(early stage technology)의 경우는 사업화를 촉진시키기 위하여 듀폰보다 그 분야에서는 기술적으로 뛰어난 파트너를 선정하여 사업화까지 성공적으로 수행하도록 한다. 반대로 성숙기술(mature technology)의 경우는 기술적으로 사업화에 대한 위험이 없기 때문에 기술력보다는 자본, 다시 말하면 대량 생산을 위한 투자가 가능한 파트너를 선정한다. 이와 같은 IA&L의 전략에 의해 2000년 이후 듀폰은 라이센싱 수입이 전에 비해 두 배 이상의 성과를 보이며, 라이센싱 수입(듀폰은 라이센싱 수입과 로열티 수입으로 구분하는데 이 둘의 합)이 매년 순수입(Net Income)의 30% 이상을 차지하는 성과를 내고 있다.

[표 2-5] 듀폰의 라이센싱 수입 추이

(단위: 백만달러)

구분	2002	2003	2004	2005	2006
순매출액	24,006	26,996	27,340	26,639	27,421
순수입	-1,103	973	1,780	2,056	3,148
라이센싱 수입	597	714	826	877	935

② 기업인수 전략

듀폰은 미래 성장사업으로 선정한 디스플레이 및 전자재료, 농화학 사업을 강화하기 위해, 2001년 폴리머 발광소자(Polymer LED) 원

21세기 생존전략 4차 산업혁명

천 기술 보유업체인 Cambridge Display Tech를 인수하였고, 2002
년 반도체 연마제 기업인 ChemFirst를 잇달아 인수하였다. 그리고
2003년에는 Eastman Chemicals LCP까지 인수하였다. 또한 농화
학 사업을 위해서는 2003년에 농약 전문 화학기업인 Griffin과 식
품 첨가제 기업인 Solac을 인수하였다. 이와 같이 듀폰은 3년여에
걸쳐 무려 20여 개의 기업을 인수·합병함으로써 기존 사업의 포토
폴리오를 빠르게 재편하였다.

또한, 듀폰은 바이오 부문 강화를 위해 1997년에 세계 최대 종자
기업인 Pioneer Hi-Bred의 지분 20%를 매입한 후 1999년에 동사
의 나머지 80% 지분을 인수하였다. 듀폰에겐 신사업이라 할 수 있
는 종자 관련 바이오 분야에 진출하기 위해 먼저 소수지분 획득 후
시장상황을 주시하면서 이 분야에 대한 잠재력을 확인한 후 기업인
수를 추진한 것은 신사업과 관련한 위험관리 차원의 효율적인 추진
전략으로 보인다.

③ 역량 극대화 전략

대학의 연구기관과 공동으로 기술개발하거나 이를 기반으로 신
사업을 창출하는 경우도 있는데, 듀폰은 노스캐롤라이나 대학,
MIT 등과 기능성 소재 및 바이오 관련 기술을 공동으로 개발하
고 있다. 듀폰과 MIT는 2000년 듀폰-MIT 협력체(Dupont-MIT
Alliance)를 창립하여 MIT가 혁신적인 차세대 재료를 창조하는 연구

를 수행할 수 있도록 5년간 35백만 달러를 지원하였다. 2005년 5월에는 2010년까지 이 협력사업을 계속하기로 하고 25백만 달러를 추가하기로 결정하였다. 1단계에서는 자연과 생물학을 이용 신물질을 개발하는 데 중점을 두었으며, 2단계에서는 바이오 과학을 넘어 나노복합재료, 나노전자재료, 대체에너지 기술을 추진하고 있다.

듀폰은 기존 화학과 재료과학에서의 강점에 새로 출현하는 나노기술과 바이오기술을 결합하여 기술혁신을 이루겠다는 경영철학을 가지고 있다. 이에 따라, 나노기술분야의 선도기업과의 공동개발 및 기술도입을 추진하였다. 2001년 1월 롬앤하스(당시에는 자회사인 Shipley)와 불소고분자 기술을 이용한 차세대 포토레지스트 공동개발 계약을 체결하였고, 2002년 7월 이산화티타늄 나노분말 생산공정을 개발한 나노소스(NanoSource Inc)로부터 산업재산권을 공여받았다. 또한, 2003년 9월에는 나노믹스(Nanomix Inc)와 탄소나노튜브를 전계방출 디스플레이에 사용할 수 있는 독점적인 라이선스 계약을 체결하였고 카본나노테크놀로지(Carbon Nanotechnology Inc.)에서 전계방출 평판디스플레이(Field Emission Flat Panel Display) 분야에 이용할 탄소나노튜브 생산공정 기술을 라이선스 받았다. 이로써 이들 기업의 나노기술과 듀폰의 후막발광제(Thick Film Emittor) 기술의 결합으로 전계평판 디스플레이의 대형화와 영상품질 향상이 가능해졌다. 2005년 4월에는 에콜로지 코팅(Ecology Coatings Inc)과 라이센싱 계약을 맺고 이 회사의 나노기술 제품을 생산하여 북미 자동차 시장에 진출하고 있다.

④ 기회창출 전략

　듀폰의 가장 큰 나노기술 벤처투자는 미국 육군의 미래 전투복을 나노기술로 첨단화하는 개발계획에 공동창립멤버로 참여한 것이다. 이 프로젝트는 미 육군이 2003년 5월 MIT와 5천만 달러 예산으로 5년 계약을 맺은 것인데, MIT는 듀폰 등 12개 민간 기업을 공동 창립멤버로 참여시켜 육군나노기술연구센터(ISN : Institute for Soldier Nanotechnologies)를 발족시켰다. 민간기업들은 추가로 4천만 달러를 투입한다. ISN에는 연구개발에 핵심역량을 제공할 수 있고 공동투자를 할 수 있는 산업체라면 추가 참여가 가능하다고 한다. ISN의 우선 과제는 위험 탐지, 위험 해소, 자동치료, 잠복, 활동 용이, 장비 경량화 6가지이다. 미래의 육군은 전투현장에서 훨씬 가벼운 전투복과 "스마트" 장비로 무장되고, 장비에는 병사를 보호해 주고, 감춰 주고, 치료까지 하는 기능을 갖출 것이다. 이런 모든 기능을 갖춘 미래형 전투복은 15년 후 개발 완료를 예상하고 있다. 이 개발이 끝나면 군복은 물론 위험한 작업을 하는 소방수와 위험지역 여행객 의류에도 사용될 수 있을 것이다. 한편 듀폰은 현재 노멕스(Nomex)와 케블라(Kevlar)라는 브랜드 이름으로 군에 납품하며 7억 달러 이상의 매출을 올리고 있다.[10]

---

10)　이관용, "해외 화학기업의 나노기술 개발동향", KISTI, 2005.10, 31page

　　　　　　　　　　　　　　　　　　　　　　　Ⅱ. 오픈 이노베이션

이와는 별도로 듀폰은 창업기업 투자를 통해 성공을 이끌고 이를 바탕으로 듀폰의 새로운 성장기회를 창출한다는 목표 아래 'Dupont Ventures' 라는 투자 · 창업보육 프로그램을 운영하고 있다. 이 프로그램에 의해 듀폰은 최대 3백만 달러까지 투자를 하고 경우에 따라서는 듀폰의 기술 및 자원을 제공하기도 한다. 이러한 투자의 대가로 지분을 공여받거나, 기술라이선스 혹은 듀폰의 신사업을 위한 판매계약 등을 맺는 옵션을 행사하기도 한다.

[그림 2-22] 듀폰의 벤처투자 프로세스

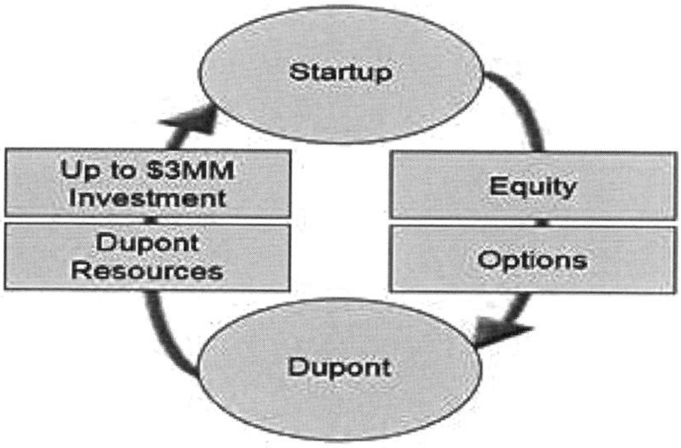

2.8.4. 듀폰의 오픈 이노베이션 노력

① 조직 관리

오픈 이노베이션이 아무리 좋은 개념이라 할지라도 사업 전략에 필요한 기술을 정의하고 내부 역량을 고려해 부족한 부분을 정확히 메워 줄 수 있는 경우에만 M&A, 전략적 제휴, 라이센싱 등이 그 효과를 발휘할 수 있는 것이다.

이를 위해 듀폰은 신사업 개발 프로세스를 담당하는 신사업개발부서(Corporate New Business Development Division)를 신설하였다. 이 부서의 주요 업무는 R&D 투자, 각 사업의 포지셔닝, 미래신사업 개발 등을 효과적으로 수행하기 위해 거시적 트렌드, 주요 기술의 변화 트렌드, 잠재적 시장의 3가지 관점에서 분석을 실시하는 것이다. 또한, 제안된 사업 기회를 평가하기 위해 시장, 자사역량, 경쟁, 수익성, 사업화의 단계별 시기, 갭 분석 등을 체계적으로 실시하고 있다. 이러한 방법으로 듀폰은 대체에너지 개발, 바이오에 기반을 둔 신소재 개발 등의 신사업을 미래 집중 육성 사업으로 추진하고 있다.

외부자원의 적극적 활용을 통한 사업 성과 극대화를 추구하는 오픈 이노베이션의 성공을 위해서는 R&D를 진두지휘하는 CTO(Chief Technology Officer)의 역할도 중요하다. R&D 부문에서 선도적인 위치에 있는 듀폰의 경우 CTO에게 코디네이터뿐 아니라 혁신자의 임무까지 부여하여 다음과 같은 역할을 수행하도록 하고 있다. 퓨처리스트로서 R&D에 대한 비전 제시, 기업의 내·외부 고객과 R&D간 의사소통자, 프로젝트 진행 여부에 대한 의사결정자, 지속적으로 신성장 동력을 발굴하는 인큐베이터 역할, 무형자

II. 오픈 이노베이션

산에 대한 적극적 활용 및 관리를 통한 수익 창출 극대화 등이다.

② 네트워크 관리

듀폰에는 240여 개의 기술 커뮤니티와 180여 개의 비기술적인 커뮤니티가 존재한다. 이러한 400여 개의 커뮤니티는 듀폰이라는 거대한 기업 내부에서 나타나는 수많은 아이디어를 저장하고 이를 필요로 하는 다른 구성원들에게 전달하는 역할을 수행하고 있다. 듀폰은 이를 보다 체계적으로 활용하기 위해 OZ라는 팀도 운영하고 있다. OZ팀의 명칭은 '오즈의 마법사'라는 동화에서 에메랄드 시티로의 안내 역할을 하는 노란 길처럼 듀폰사의 미래로 가는 길을 안내하라는 취지에서 붙여진 것으로, 그 주요 역할은 전사적으로 혁신 네트워크를 구축함으로써 창조적 사고를 지향할 수 있는 문화를 형성하는 것이다.

또한, 경쟁우위가 글로벌 인력들의 다양성에서 시작된다고 믿는 듀폰은 단순히 지역적 차이에서 오는 문화적 다양성뿐 아니라 성별, 인종, 종교 등 모든 종류의 차이에 대한 상호 이해와 협력을 매우 중요시한다. 듀폰에는 흑인 네트워크, 여성 기술자 네트워크, 장애인 네트워크, 동양인 네트워크, 히스패닉 네트워크 등 다양한 종류의 소집단이 존재한다. 소그룹들은 듀폰의 곳곳에 자신들의 문화를 다양하게 반영하고 있지만 회사 전체적인 관점에서는 하나의 동질감으로 강하게 결속되어 있다. 듀폰은 이 그룹들로부터 현지 시장에서 부딪히게 되는 많은 문제나 어려움에 대한 중요한 정보를 얻거나 조언을 청취하는 등 기업 경영에 이들을 적극 활용하고 있다.

2.9. 오픈 이노베이션 사례 : Google

2.9.1. 개요

2000년대 이후에는 모바일 인프라·기기·서비스 이용이 폭발적으로 증가하는 '모바일 빅뱅'의 시대가 되었다. 과거 철도, 고속도로, 유선인터넷 등의 보급으로 새로운 산업과 라이프 스타일이 창출되었듯이 모바일 빅뱅시대도 다양한 변화를 예고하고 있다.[11][12]

특히 모바일시대의 주도권 선점을 위해 모바일 관련업계(네트워크, 기기, 콘텐츠 및 SW)뿐만이 아니라 연관산업의 기업들도 새로운 비즈니스모델 창출을 모색하고 있다. 현재 모바일 비즈니스로 수익을

---

11) 권기덕, "모바일 빅뱅시대의 비즈니스 모델 진화", SERI 경영노트, 2010.2.18
12) 김석관 등, "개방형 혁신의 산업별 특성과 시사점", 과학기술정책연구원, 2008.12, 149~160page

창출하는 방법은 애플리케이션 판매, 광고, 서비스 이용료, 수수료, 기기판매의 5가지 형태가 있다. 과거와 달리 주요 업체들이 기존의 기업 운영형태를 넘어서 기기, 콘텐츠, 광고 등 여러 수익모델을 동시에 추구하는 '수익모델의 하이브리드화'가 나타나고 있다.

[그림 2-23] 모바일 빅뱅이 가져오는 변화

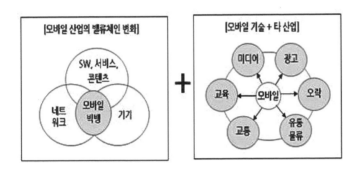

모바일 주도권 선점을 위한 기업들의 영역파괴 경쟁 및 신규 비즈니스 모델 발굴도 가속화되고 있다. 과거 PC산업에서는 마이크로소프트의 OS(Windows)와 인텔 마이크로프로세서가 이끄는 '윈텔(Wintel) 체제'가 PC산업의 부가가치를 결정하고 있다. 모바일영역에서는 애플이 '기기+콘텐츠' 모델을 이용한 비즈니스를, 구글이 자사OS(Android) 확대를 통한 웹서비스 이용증대를 전략적으로 추구하고 있다. 구글은 자사 OS 기반의 기기를 가능한 많이 저렴하게 공급함으로써 기기를 범용화시키고, 서비스의 부가가치를 높이려는 전략을 추구하고 있다.

[그림 2-24] 구글 안드로이드의 모바일전략

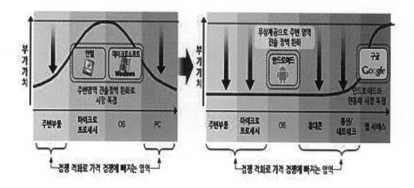

　　구글(Google)은 '페이지랭크'라는 독자적인 검색 알고리즘을 개발해 검색시장을 장악하고 성장한 세계 최대 인터넷 검색서비스 기업이다. 전 세계 정보를 체계화하여 모두가 편리하게 이용할 수 있도록 하는 것을 목표로, 1998년 창립자인 래리 페이지(Larry Page)와 세르게이 브린(Sergey Brin)이 스탠포드 대학 기숙사 방에서 온라인 검색에 새로운 방식을 개발한 후 전 세계 사용자에게 보급되어, 1초 안에 관련성 있는 검색 결과를 제공하는 사용하기 편리한 무료 서비스로 세계 최대 검색엔진으로 미국 검색시장 점유율 1위(43.7%, 2006.12), 매출 1,659억 달러, 시가총액 1,494억 달러(2006.12)로 IBM에 필적할 정도의 규모로 성장하였다.

[그림 2-25] 구글 무인 자율주행 자동차

* 출처 : 구글 자율주행자동차, 네이버 이미지, 2017.2.25

특히 2006년 비즈니스위크지는 '세계 25대 혁신기업'에서 애플, 구글, 3M 순으로 선정해, 구글은 2위에 올랐을 정도로 세계적으로 혁신을 선도하고 있는 기업이다.

2.9.2. 구글의 연구개발 현황

① 구글의 연구개발 인력

2004년 12월 기준 구글은 전체 3,021명의 직원 중 1,003명이 R&D 인력, 1,463명이 세일즈와 마케팅인력, 555명이 일반 관리 인력으로 구성되어 R&D 인력이 전체의 33%를 차지하였으며, 2007년 12월에는 전체 16,805명 중 5,788명이 R&D 인력, 6,647명이 세일즈와 마케팅인력, 2,844명이 일반 관리 인력으로 R&D

인력이 34%를 차지해, R&D 인력을 전체 인력의 30%초 · 중반 수
준을 유지하고 있는 것을 알 수 있다.

② 구글의 연구개발투자 현황

구글은 R&D에 대한 비용을 지속적으로 늘려 오고 있다. 2002
년 매출 4억3,900만 달러에 4천만 달러를 R&D에 투자해 매출 대
비 R&D 지출 비중(R&D 집중도)이 9%이었고, 2006년에는 매출 106
억 달러에 R&D에 12억2,800만 달러를 투자해 R&D 집중도가
12%, 2007년에는 매출 169억 달러에 R&D에 211억9,000만 달러
를 투자해 R&D 집중도가 13% 수준으로 급격한 매출 증가에 맞추
어 R&D 투자도 함께 증가하고 있다. 특히 전년 대비 연구개발비
의 증가 비율을 보면, 2003년 567% 이후 2004년 172%, 2005년
152%, 2005년 205%, 2007년 173% 등 매년 연구개발비가 전년
대비 2배씩 증가하는 등 R&D 투자가 증가하고 있다.

2.9.3. 구글의 오픈 이노베이션 동기

구글은 작은 벤처에서 시작해 현재에 이르기까지 된 주요 동인이
었고, 그리고 앞으로 미래전략으로 채택하고 있는 핵심 전략이 오
픈 이노베이션 전략이다. 구글이 오픈 이노베이션을 주요 전략으
로 선택하게 된 동기는 첫째, 인터넷 서비스 산업의 특징 때문이

II. 오픈 이노베이션

다. 인터넷 산업은 그 변화의 속도와 폭이 커, 개별 기업이 완벽한 서비스를 한 번에 만들 수가 없고, 베타 버전 형식의 제품에서 사용자의 피드백으로 인한 계속된 개선으로 통해 서비스를 보완해 발전해 나가게 된다. 구글은 Gmail 등 핵심 서비스 부분에서 이러한 오픈 이노베이션을 수행해 오고 있으며, 이 경우 구글 내부보다 사용자로부터 혁신의 비중이 더 커진다.

둘째, 구글이 위치하고 있는 실리콘 밸리라는 특정 지역적 요인이다. 구글 자체가 벤처에서 시작하였고, 구글이 직접 개발한 서비스는 검색을 비롯해 소수에 불구하고 대부분의 서비스는 관련 서비스와 기술을 가진 실리콘 벨리의 여러 벤처 등에 투자하거나 매수하여 획득하였다.

셋째 구글이 가진 미래전략 자체가 오픈 비즈니스 모델을 표방하고 있기 때문이다. 구글은 통신사와, 휴대폰 제조업체, 콘텐츠 제공업체 등을 개방된 모바일 상에서 협업을 추구하는 오픈 비즈니스 모델을 미래전략으로 채택하고 있다.

2.9.4. 오픈 이노베이션의 내용과 성과

구글의 오픈 이노베이션 전략은 다양한 형태로 나타나고 있다.

① 개방형 서비스 개발

구글은 회사제품 전략에서 크라우드 소싱(Crowd sourcing)를 활용하고 있다. 크라우드 소싱이란 한 가지 문제를 해결하기 위해 전문가부터 아마추어, 프리랜서, 무보수 자원봉사자에 이르기까지 아이디어와 기술, 제안을 모두 활용하는 것이다. 구글 경영진은 사용자들이 혁신의 성공을 결정할 것으로 판단하고 있고, 1억3천만명 이상의 구글 사용자들이 새로운 서비스의 잠재적 가능성 평가를 위한 그룹을 형성하고 있다.

크라우드 소싱의 대표적인 사례가 구글 연구실(Labs.google.com)이다. 구글 연구실은 유용한 여러 아이디어 서비스, 데모 서비스, 실험 서비스를 사용자가 직접 사용해 보고, 그 결과를 구글 개발자에게 피드백할 수 있는 기능을 제공한다. 예를 들어 구글 화성(Google Mars) 서비스는 NASA 과학자에 의해 만들어진 화성의 세부 지도를 제공한다. 구글 코드 서치(Google Code Search) 서비스는 프로그램의 공개된 소스 코드(Public Source Code)를 검색해 제공한다. 구글 트렌드(Google Trend)는 전 세계적으로 어떤 항목이 검색되고 있는지를 분석해 트렌드를 보여 준다. 이와 같이 현재 구글 연구실에서 졸업한 서비스는 총 18개이다.

[그림 2-26] 구글 연구실 화면(Labs.google.com)

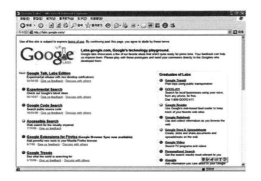

② 개방형 서비스 인터페이스

구글의 지도서비스(maps.google.com)는 개인뿐 아니라 다른 기업에게 구글지도 서비스를 활용할 수 있도록 인터페이스를 공개하고 있다(API : Application Programming Interface). 다른 기업들은 구글의 지도 서비스에서 가져온 콘텐츠를 사용하여 완전히 새롭고 혁신적인 서비스를 제공할 수 있게 된다. 이러한 구글의 지도 서비스도 자체 기술로 개발한 것이 아니라 네브텍(Navteq)이라는 업체의 매핑 서비스를 활용한 것이다.

미국의 부동산 사이트 HousingMaps.com는 구글이 제공하는 지도 서비스에 연계하여 서비스를 제공하는 대표적 사례이다. 이 사이트는 구글이 제공하는 지도, 위성사진 정보와 부동산 정보사이트(craigslist.org)에 이용자들이 게시한 부동산 정보를 결합한다. 지도 또는 위성사진을 선택할 수 있고 풍선 모양의 아이콘을 클릭하면 상세 정보로 이동하게 된다. 이처럼 구글은 개방형 인터페이스(open API) 및 개방형 표준(open standard)을 통해 다른 업체들이 새로운 서비스를 만들 수 있도록 함으로써 새로운 비즈니스를 만들었다.

③ 글로벌 R&D

구글은 오픈 이노베이션 역량 증대를 위해 글로벌 R&D 센터를 구축하고 있다. 구글은 미국을 비롯한 영국, 이스라엘, 일본, 스위스, 인도, 러시아, 노르웨이, 한국 등 전 세계적으로 R&D센터를 30여 개 가지고 적게는 수십 명에서 많게는 수백 명에 이르는 연구 인력을 운영하고 있다. 특히 한국에서도 2006년 10월 한국 R&D 센터를 개소하고, 한국 연구 인력을 채용해 한국 인터넷 이용자들은 물론 세계 인터넷 이용자들을 위한 혁신적 인터넷 검색기술 개발을 담당하고 있다.

④ 개방형 소스 코드 기술

구글 기어스는 구글의 개방형 소스 코드기술이다. 이 기술은 인터넷이 연결되어 있지 않거나 연결 속도가 느리거나 불안한 경우에도, 사용자가 웹 응용프로그램(Application)과 데이터를 사용할 수 있도록 지원한다. 이 기술은 온라인일 때 데이터를 로컬에 동기화하여 놓음으로써, 오프라인일 때도 사용할 수 있도록 한다. 구글은 구글 기어스를 통해 검색시장을 넘어 오프라인 시장에서 마이크로소프트(MS)와 겨루기 위해 이 기술을 개발하였다. 마이크로소프트의 핵심 기술은 인터넷이 없는 오프라인에서도 하드드라이브를 활용해 작성한 파일을 저장하고 언제든지 활용할 수 있는 것이 특징으로, 구글 기어스는 윈도우즈, 맥켄토시, 리눅스 등 모든 운영 플랫폼에서 마이크로 소프트와 동일한 기능을 수행할 수 있다.

구글은 단순히 구글 응용 프로그램 뿐만 아니라 모든 웹 응용프로그램을 지원하기 위해 구글 기어스를 완전 개방형 무료 소스 기술로 제공한다. 구글 기어스를 통해 구글은 인터넷에 연결되지 않는 오프라인에서 모든 개발자들 이 웹 응용프로그램 개발에 활용할 수 있는 단일 표준화를 위한 계획을 가지고 있다. 또한 구글은 구글기어스를 이용, 오프라인 기술의 표준을 정립해 수천 개의 웹 애플리케이션이 마이크로소프트(MS) 제품과 겨룰 수 있게 한다는 계획을 가지고 있다.

⑤ 개방형 모바일 플랫폼

구글은 인터넷 검색을 넘어 미래 전략으로 모바일 사업을 추진하고 있으며 특히 구글은 휴대폰이 PC 수준을 넘어서서 일상생활의 리모컨과 같은 역할을 할 수 있다고 보고 있다. 그러나 휴대폰 하드웨어보다는 현재의 폐쇄적인 모바일 소프트웨어를 개방형으로 바꾸어 나가려 하고 있다. 이러한 미래 모바일 전략에 따라 2008년

말 구글폰을 선보였으며, 구글폰을 통해서 검색 기능과 함께 지메일(Gmail), 메신저, 게임, 유튜브의 UCC 검색, 구글 토크, 지도 서비스 등 다양한 응용 서비스를 제공하면서 사용자에게 광고를 제공하는 형태로 수익을 창출해, 단말기 가격을 다운시키거나 무료화할 수 있다고 보고 있다. 일차적으로 휴대폰을 대상으로 하고, 이후 장차 휴대용 미디어 플레이어, 내비게이션, 셋톱박스 등 가전 시장까지도 진출할 계획을 가지고 있다.

이 전략의 핵심은 구글 폰으로 대변되는 구글 안드로이드(Android)와 오픈 핸드셋 얼라이언스(www.openhandsetalliance.com)로 구체화된다. 구글 안드로이드는 운영 시스템, 미들웨어, 사용자 편의 인터페이스, 응용프로그램(Application)으로 구성된 모바일 기기를 위한 완전 개방형 확장 플랫폼이며 모바일 소프트웨어의 집합체이다. 구글폰은 안드로이드를 탑재해 미국, 유럽 등에 출시될 계획이다.

오픈 핸드셋 얼라이언스(OHA)는 구글을 중심으로 전 세계 35개 기업이 참여하였다. 휴대폰 제조사론 삼성전자를 비롯, 대만 HTC, 모토로라, LG전자가 포함 됐고, 이동통신 서비스 업체로는 도이체텔레콤의 T-모바일, 스프린트 넥스텔, 일본 NTT도코모와 KDDI, 중국 차이나모바일도 참여하였다. 인텔과 브로드컴, 퀄컴, 텍사스 인스트루먼츠(TI), SiRF 테크놀러지 홀딩스, 마벨 테크놀러지 그룹, 엔비디아, 시냅틱스 등 반도체 제조사들도 참여했고, 인터넷 전화 스카이프를 서비스하고 있는 이베이도 오픈 핸드셋 얼라이언스에 참여하였다.

[표 2-6] 구글 오픈 핸드셋 얼라이언스(OHA) 참여기업

사업분야	OHA 참영기업	기업수
단말기 제조	Samsung, LG, HTC, Motorola	4개
이동통신 서비스	China Mobile, KDDI, NTT, DoCoMo, Sprint Nextel, Telecom-Italia, Telefonica, T-Mobile	8개
반도체 칩 제조사	Intel, Texas Instruments, Qualcomm, Broadcom, Marvell, Nvidia, SiRF, Synaptics	9개
소프트웨어 및 서비스	AuAplix, Ascender, eBay, Esmertec, Google, LivingImage, NMS Communications, Noser, Nuance, PacketVideo, kyPop, SONiVOX, TAT, Wind River	15개
계		36개

안드로이드가 완전 개방형 확장 플랫폼이라는 의미는, 휴대폰 제
조사 및 응용 소프트웨어 개발자에게 소스코드가 모두 공개되어 자
유로운 개발 환경을 제공하며, 라이선스료 등을 부과하지 않고 무
료로 제공된다는 것이다. 이러한 개방형 전략을 통해 새로운 서비
스를 단기간에 신속하고 효율적으로 개발할 수 있다. 이에 반해,
현재의 폐쇄형 휴대폰 플랫폼은 각 휴대폰 제조회사마다 고유의 운
영 시스템(OS)을 탑재하고, 인터페이스 등도 독자적으로 구현함으
로써 다른 회사에서 접근이 어려운 구조를 가지고 있다. 또한 현재
는 네트워크 망을 제공하는 이동통신 서비스 기업은 단말기 구매,
단말기 소프트웨어, 응용서비스 등에 대해 대부분의 권한을 가지

고 있지만 구글의 안드로이드가 범용화된다면 휴대서비스 이용 고객들은 이동통신 서비스 기업의 의사와 무관하게 자유롭게 모바일 콘텐츠와 응용서비스 등을 선택 사용할 수 있어, 구글의 예측대로 된다면 이동통신사는 구글과 협력하지 않으면 데이터 통화료 수익만을 가져갈 수 있게 되며 이로 인해 미국의 버라이즌(Verison)과 AT&T 등은 구글의 시도에 동참하지 않고 있다.

[표 2-7] 구글 안드로이드(Android) 단말기, 구글폰

단말기 형상	운영체계	주요기능 및 샘플화면	샘플화면
	구글 안드로이드 OS	- 스포츠, 영화 등 동영상 서비스 - Google 검색, Gmail, 메신저 연동 - Google maps 기반의 위치기반 서비스 - Youtube의 UCC 검색, 게임 등	

⑥ 개방형 기술 획득

구글은 회사의 핵심 검색 및 광고 능력 이외에, 라디오 및 텔레비전 광고(Radio & Television Advertising), 온라인 결제(Online Payment), 사회 네트워크(Social Networks), 모바일 폰 운영 시스템(Mobile Phone Operating System), 블로그(Blogging) 등 여러 벤처에 투자해 왔으며 구글이 개발하지 않은 여러 기술들을 가진 기업들을 인수하여 왔다.

여기에는 Google Earth, Picasa(사진 검색, 편집 및 공유, 2004년1월 인수),
Google Analytics(Urchin Software Corp.을 2005년 4월 구글이 인수 후 서비
스 브랜드 변경, 웹사이트 방문 통계 분석), YouTube(동영상 공유 1위 기업, 일
1억 개 이상 비디오 클립 조회, 구글이 16억 5천만 달러에 2006년 10월에 인수),
DoubleClick(인터넷 광고 서비스, 2007년 4월 31억 달러 인수), 모토롤라를
125억 달러에 인수 등이 해당한다. 최근에는 에너지 관련 기업에도
구글은 투자하고 있다고 한다.

　구글의 이러한 벤처 인수 전략으로 인해, 여러 벤처 기업들이 구
글에 인수되기 위한 서비스를 개발하는 현상도 발생하고 있다. 다
음은 구글이 2007년 인수한 기업이다. 인수한 기업은 크게 구글의
주요 수입원인 온라인 광고 관련 기업, 검색 및 소비자용 서비스,
기업시장 서비스, 기타 서비스 등 4가지로 분류될 수 있다.

[표 2-8] 구글 2007년 인수 기업

구분	인수기업
온라인 광고 관련 기업	Adscape, DoubleClick, feedburner
검색 및 소비자용 서비스	Zingku, Jaiku, GrandCentral, Panoramio
기업시장 서비스	trendalyzer, Tonic systems, Postini, Greenboarder,Zenter, Jotspot, 매러텍
기타 서비스	중국 P2P업체 쉰레이

⑦ Contest Innovation

오픈 이노베이션의 방법으로 주로 대학과 외부 기업, 연구소 등과 협력하는 것이 일반적이었으나, 구글은 여기서 한발 더 나아가 혁신에 상금을 걸고, 더욱 적극적으로 접근하고 있다. 이러한 것을 콘테스트 이노베이션이라고 하는데, 구글은 '달 프로젝트(Lunar-x Project)'를 통해 이를 구체화하고 있다. 이 과제는 각 팀들이 자체 자금으로 2012년까지 달에 무인비행기를 착륙시킨 후, 달 표면에서 500미터 이상을 탐험 후 관련 데이터와 동영상을 지구에 전송하게 되면, 상금으로 2천만 불을 주는 과제이다. 달 프로젝트의 목표는 무인 로봇 우주 탐사 기술을 개발 장려하기 위한 것이었다. 또한 구글은 공개 모바일 플랫폼인 안드로이드(Android) 개발에서 가장 혁신적인 애플리케이션을 개발한 팀에게 1천만 달러의 상금을 걸고 있다.

2.9.5. 오픈 이노베이션 과정에서의 문제점

① 동시다발적 서비스 개발 및 실패 격려와 위험의 불확실성

구글은 검색 및 광고 이후 개방형 혁신을 통해 새로운 히트 서비스 찾고 있으며, 이를 위해 여러 서비스를 동시다발적으로 시장에 출시하고 있다. 물론 이러한 서비스 중 실패로 끝나는 서비스도 생

기고 있다. 비록 지금까지 구글의 오픈 이노베이션 전략을 통해 우수한 서비스를 도입하고 성과를 내어왔고, 구글의 최고 경영자 슈미트(Schmidt)가 "새로운 것을 시도하기 위해 빨리 실패하자"고 실패를 격려하고 있으나, 구글의 기업 규모가 커짐에 따라 혁신의 실패 위험을 얼마나 감당할 수 있을지는 미지수이다. 또한 기존의 핵심 서비스 이외에, 다양한 새로운 서비스를 개발하는 것과 동시에 서비스의 보완 및 시장성을 검증해 나가는 과정은 오픈 이노베이션의 장점임과 함께 새로운 도전이 될 것으로 보인다.

② 모든 유망 IT 서비스 벤처 기업 인수로 인한 새로운 독점

실리콘밸리에는 IT 서비스 분야의 전문 기업과 전문가들이 모두 모여 있다. 에초 구글이 성장하면서 실리콘 벨리의 벤처 기업들을 모두 망하게 할 것이라는 의견도 있었지만 실제로는 벤처기업들이 있기에 구글이 살아남았다는 평가를 받았다. 즉 수많은 벤처기업이 아이디어를 제공하면 '구글'은 이를 활용하거나, 인수합병(M&A)을 통해 성장하는 비즈니스모델을 갖고 있었다.

하지만 이런 긍정적인 측면의 이면에는 구글이 거대한 자본력을 바탕으로 IT 서비스의 거의 전 영역에서 유망 벤처 기업들을 흡수해 나가고 있으며, 구글의 경쟁기업이 발생하더라도 모두 인수하는 전략도 가능해져 개방형 혁신을 통한 새로운 독점이 생길 수 있는 위험성도 있는 것이다.

또한 이러한 기업 인수로 인해 법제도적인 측면에서 독점의 폐혜가 나타날 수 있다. 실제로 DoubleClick 인수 시 미연방거래위원회(FTC)가 반독점 규정에 대한 조사를 실시하기도 하였다.

③ 개방형 플랫폼의 문제

개방형 플랫폼은 여러 장점을 가지고 있으나, 아직 해결되지 않은 여러 문제를 함께 가지고 있다. 특히 개방형 모바일 플랫폼을 지향하는 안드로이드(Android)의 경우, 취약한 보안(Security) 기능과 낮은 시스템 안정성, 그리고 기술지원에 따른 비용 부담 등은 공개 플랫폼이 아직까지 해결하지 못한 과제가 있다고 지적되고 있다.

첫째, 주요 이동통신 회사들은 구글이 주도하는 오픈 핸드셋 얼라이언스(OHA)에 참여 시 자사 가입자 정보가 개발자에게 유출될 가능성을 우려하고 있으며, 특히 안드로이드가 채택하고 있는 리눅스(Linux) 기반의 운영체계가 가지고 있는 취약한 보안 기능이 해결되지 않고 있다.

둘째, 안드로이드가 채택하고 있는 리눅스(Linux) 기반의 공개 플랫폼이 빠른 속도로 기능이 개선되고 있으나, 아직까지 안정성 부문은 상용 OS에 비해 부족한 것으로 인식되고 있다. 이러한 점들은 일반적으로 개방형 플랫폼에서 기능 개선에 대한 뚜렷한 지향점과 선도 기업의 부재가 주요인으로 지적되고 있다. 그러나 안드로

이드의 경우는 구글이 개발을 주도하고 있어 이 문제가 해결될 가
능성이 높은 것으로 평가받고 있다.

  셋째, 공개 플랫폼 내부적인 문제 외에 오픈 핸드셋 얼라이언스
(OHA) 참여 기업들간의 공감대 형성도 향후 성과를 크게 좌우할 수
있는 요소로 평가되고 있다. 미국과 유럽, 아시아 지역의 각 이동
통신사, 단말기 제조업체, 응용소프트웨어 제조업체들이 참여하
고 있으나, 각자의 이해관계가 다르고, 구글의 안드로이드 플랫폼
이외에 다른 플랫폼에도 투자를 동시적으로 진행되고 있는 상황에
서, 모든 참여기업과 개발자들을 묶어 하나로 결집할 수 있는지도
문제인 것이다.

참고문헌

1. 강지민, "개방형 혁신활동이 기술사업화 성과에 미치는 영향", 성균관대 대학원 박사학위논문, 2012.12.

2. 김석관, "Chesbrough의 개방형 혁신 이론", 과학기술정책 SepOct, STEPI, 2008.10.

3. 김석관 등, "개방형 혁신의 산업별 특성과 시사점", 과학기술정책연구원, 2008.12.

4. 김윤, "국내 Information Communication Technology 기업에서의 오픈 이노베이션을 통한 신사업 발굴 및 영향 연구", 고려대학교 기술경영전문대학원 석사학위논문, 2014.1.

5. 김영준,"하이테크 산업에서의 개방형 혁신이 기업의 성과에 미치는 영향에 대한 연구", 고려대 기술경영대학원 석사학위논문, 2014.1.3.

6. 김형진, "기술혁신역량이 혁신성과에 미치는 영향에 관한 연구", 경성대대학원 박사학위논문, 2015.8.

7. 박재범, "R&D 고성과 창출기업의 비결", POSRI보고서, 2014.5.21.

8. 박종원, "IP융합과 경영전략 연구(SMIP) – 애플의 오픈이노베이션 사례–", 홍익대학교 대학원 지식재산학과 석사학위 논문, 2011.12.

9. 복득규, "개방형혁신의 확산과 국가혁신시스템", 과학기술 혁신정책 워크숍 발표자료, 2007. 8. 14.

10. 신병섭, "개방형 혁신활동이 기술혁신 성과에 미치는 영향에 관한 연구", 한국기술교육대학교대학원 석사학위논문, 2015.2.

11. 안치수, "개방형 혁신활동 및 성과의 영향요인에 관한 실증분석", 충남대 대학원 석사학위논문, 2010.4.

12. 염아름, "국내제약기업의 오픈 이노베이션 성과제고 방안", 숙명여대 임상약학대학원 석사학위논문, 2015.6.

13. 오상준, "오픈 이노베이션 성공의 조건", LGBusiness Insight 2007.8.15.

14. 이철원, "개방형 혁신 패러다임으로 경제발전의 효율성을 높이자", 과학기술정책 MayJun, STEPI, STEPI, 2008.5.

15. 장상근, "내부역량 없이 오픈 이노베이션 성공없다", LGBusiness Insight, 2011.6.8.

16. 최경운, "귀사의 오픈 이노베이션은 갇혀 있지 않습니까?", LGBusiness Insight, 2011.9.7.

17. 한평호, "개방형 혁신의 기업성과에 미치는 영향 : 흡수능력의 역항", 인하대 대학원 박사학위논문, 2012.

18. 헨리 체스브로우, "오픈 이노베이션", 은행나무, 2009.11.

19. 헨리 체스브로우, "오픈 비즈니스 모델", 플래닛, 2009.11.

III. 오픈 이노베이션의 발전

3.1. 집단지성

3.1.1. 집단지성 개요

인터넷의 발전으로 사람들이 의견을 서로 쉽게 나누고, 토론하면서 조정하고 협조할 수 있게 됨으로써 집단지성이 새롭게 부각되고 있다. 과거의 지성(Intelligence) 패러다임은 상의하달식 피라미드형 지성으로, 한 개인이 자신의 분야와 연관된 문제들을 주로 해결했으며, 따라서 전문가라 할지라도 자신의 전문분야의 문제 해결에는 도움을 줄 수 있지만 다른 분야와 연계된 복합적인 문제 해결에

는 한계가 있었다.[13]

반면, 집단 지성(Collective Intelligence)이란 다수의 개체들이 서로 협력하거나 경쟁을 통해 얻게 된 집단의 지적 능력으로, 기존 피라미드형 지성의 한계를 극복하는 개념이다.

집단 지성은 미국의 곤충학자 윌리엄 모턴 휠러(William Morton Wheeler)가 한 개체로는 매우 미미한 흰개미들이 협업을 통해 과학적으로 뛰어나고 규모도 거대한 개미집을 만드는 과정을 관찰하면서 처음 제시한 개념으로 다수의 개체들이 서로 상호작용을 할 때 나타나게 되는 집단적 지적 능력을 말하며, 다수의 지적개체를 설정하고 이들 간의 상호작용을 통해서 개체의 지적 수준이나 내용을 뛰어넘는 새로운 형태의 지성이 나타난다고 보는 것이다. 인간의 조직이나 사회 등 지성을 갖춘 개인들은 상호작용하면서 학습하고 그 학습의 결과는 공동의 기억으로 보전 활용되면서 더 높은 차원의 협력과 문제 해결이 가능하다는 개념이다.

---

13) 김대원, "미래상 전망을 위한 집단지성 활용 가능성 모색", HT R&D리포트 13-05호, 한국보건산업진흥원, 2013.12

III. 오픈 이노베이션의 발전

[표 3-1] 피라미드형 지성과 집단지성

구분	피라미드형 지성 (Pyramidal Intelligence)	집단지성 (Collective Intelligence)
정보구성	폐쇄적인 환경	개방적인 환경
지식 원동력	수동적인 상의하달식 방식	창의적인 발상 및 참여
지성의 분배	중앙 집결적	분산형
변화 형태	정적	동적
경제적 파급력	적음	많음
형성수단	물질적 재산이나 지식	사람(모든 지적 능력)

* 출처 : 박재천, 신지웅, "웹 2.0 플랫폼에서의 집단지성 활용방안 연구", 한국 인터넷 정보학회지 제8권 제2호, 2007.6, 5~20page

3.1.2. 집단지성 관련 연구

다수의 학자들이 연구를 통해 집단지성의 효과와 중요성을 입증하고 있다. 피터 러셀(Peter Rusell)은 다양한 가치관과 지식을 갖고 있는 보통의 시민들이 자유롭게 개진하는 독립적인 생각과 의견이 합리적이고 상식적인 방식으로 통합된다면, 이는 의미 있는 사회 자본이라고 할 수 있고 이를 '집단지성'(collective intelligence) 이라고 말했다.

피에르 레비(Pierre Levy)는 1994년 '집단지성'이라는 저서를 통해 사이버공간에 지식과 정보의 자유로운 분배 및 교환을 구심점으로 "미래에는 어디에나 분포하고, 지속적으로 가치가 부여되며, 실시간으로 조정되고, 역량의 실제적 동원에 이르는 집단지성이 발현될 것"이라고 예견했다. 컴퓨터의 발달과 인터넷의 발전은 집단지성을 가속화시켰고 대중들은 시공간의 제약에서 벗어나 서로의 지식을 공유하고 판단하고 지속적인 가치를 창출하는 상황으로 발전하고 있으며, 지식과 정보의 자유로운 분배 및 상호 교환을 구심점으로 하는 사이버 공간 속에서 '집단지성'의 등장으로 가능해질 미래 사회상을 제시하였으며, 어디에나 분포하는 지성에 대한 기술적 · 경제적 · 법률적 · 인간적 가치부여를 통해 각각의 역량을 식별하고 동원하는 긍정적인 역동성을 촉발하는 것을 집단지성의 이상이라고 했다.

특히, 제임스 서로위키(James Surowiecki)는 실험 결과를 토대로 "특정 조건에서 집단은 집단 내부의 가장 우수한 개체보다 지능적"이라고 주장했다. 다양한 문제들이 주어졌을 경우 한 개인이 집단보다 일관되게 우수한 결과를 지속적으로 내릴 가능성은 거의 없다고 주장했으며, 사람들이 정보의 부족으로 인해 제한적 합리성 속에 살고 있다고 하더라도 그들의 불완전한 판단을 적절한 방법으로 합치면 집단의 지적 능력이 작용하여 놀라운 결과를 만들어 낸다고 했다. 소시장의 몸무게 맞추기, 챌린지호의 사고책임 규명, 백만장자 TV 퀴즈, 구글의 검색까지 다양한 예를 들어 집단지성의 존재를 증명했으며, 개인의 인지가 집단적 지혜로 전환되기 위해서는 의견의 다양성, 다른 사람에 의존하지 않는 독립성, 개인의 전문적·개별적인 지식에 의존하는 분산화, 그리고 개인적 판단을 집단적 결정으로 전환시키는 통합의 과정이 필요하다고 했다.

찰스 리드비터(Charles Leadbeater)는 '집단지성'이란 '웹이 창조한 집단적 사고방식과 집단적 놀이방식, 집단적 작업방식, 그리고 집단적 혁신방식'으로 정의했다. 집단지성이 구축되기 위해서는 협업적 창조성(collective creativity)이 발휘되어야 하는데, 이것은 사람들이 아이디어를 공유하고 결합함으로써 아이디어의 교류를 허용하는 환경에서 왕성해진다고 주장했다. 또한 참여, 인식, 협업이라는 3가지 요소 간에 균형이 유지되어야 함을 강조했으며, 독립적인 개인들로 이루어진 다양한 그룹이 효과적으로 협업할 때 집단지성이 발현될 수 있다고 주장하면서, 집단지성의 성공 조건으로 핵심, 기여, 관계 맺기, 협업, 창의성 5가지를 제시했다. 다양한 아이디어가 집단지성으로 발현되기 위해서는 서로 관계를 맺고 의사소통을 하는 방법을 찾아야 하며, 다양한 규모의 집단과 개인들이 개별적인 작업을 하면서도 서로 쉽게 결합할 수 있는 모듈형 작업방식이 필요하다고 했다.

톰 애틀리(Tom Atlee)는 지적능력(intelligence)을 '도전이나 변화에 직면했을 때 자신이 처한 환경에 성공적으로 대응할 수 있는 능력'으로 정의하고 인류의 도전적 과제를 해결하는 방법으로 집단지성의 필요성을 역설했다.

21세기 생존전략 4차 산업혁명

전 세계적인 상호 연결성과 잠재적 영향력은 편리성이나 경쟁의 차원을 넘어서는 것이고 인류의 생존과 진화적 문제와 결부되며, 보다 효율적인 그룹, 조직, 단체, 커뮤니티와 지속 가능한 사회를 만들기 위해서는 집단지성이 필요하다고 주장했다.

듀톤(Dutton)은 OII-MTI라는 연구를 통해 고에너지 물리학에서 바이오의학, IT와 콘텐츠에 이르는 다양한 분야에서 집단지성의 사례들을 찾아내어 유형화하고 성과를 분석했다. 협업적 네트워크 조직(CNO : Collaborative Network Organization)이라는 용어를 사용하며 공식적인 조직과는 상당히 다르며, 그들의 성과는 대부분 참여한 개인들의 의사결정에 의해 좌우된다고 보고 협업적 네트워크 조직의 중요성이 점차 증대된다고 주장했으며 조직론적 접근을 통해 공유형, 기여형, 공동창조형 3가지 유형으로 집단지성을 구분했다. 3가지 유형의 가장 큰 차이는 상호작용의 방식과 협업의 수준으로 보았다.

[표 3-2] 집단지성의 유형(Dutton, 2008)

협업유형	내용	대표사례
1.0 공유형 (sharing)	- 분산된 네트워크 내에 정보를 생산하여 공유할 수 있는 형태를 취한 네트워크 - 자료의 단순 공개와 이에 대응하는 일대일의 개별적 상호작용을 통한 단일의 문제 해결이 주된 형태	Innocentive

2.0 기여형 (contributing)	– 웹상의 소셜네트워킹 기술을 이용하여 집단 간의 의사소통을 원활히 함으로써 사람들이 집단에 정보제공 방식을 변화시키는 네트워크 – 참여자의 대답과 의견, 평가, 태깅 등 다양한 방식의 적극적인 반응이 협업의 주된 형식	Sermo
3.0 공동창조형 (co-creating)	– 공동의 목표를 위해 네트워크를 통해 협업하는 능력을 의미하며, 이를 통해 기여자들의 중요도나 결합, 역할 등을 재조정하는 네트워크를 의미 – 첨삭, 갱신, 편집, 토론 등 보다 다양하고 적극적인 방식의 상호적이고 직접적인 협업이 주된 형식	Wikipedia

3.1.3. 집단지성의 공통 특성

집단지성은 다양한 개념과 유형이 제시되고 있으나, 다음과 같은 공통된 속성을 갖고 있다. 사용자가 생성하는 콘텐츠란 사회적 과정에 의해 참여자가 제공하는 정보의 집합이며, 인간-기계 상승작용이란 인간과 기계가 결합되어 한쪽만으로는 얻을 수 없는 유용한 정보를 제공하는 능력으로 전문가들에게서 얻어 저장하는 정보에 비해 범위와 다양성, 정보량이 풍부하다. 규모에 따라 증가하는 성과는 더 많은 사람이 참여할수록 더 유용하며, 정보량이 증가해도 안정적인 처리가 가능하고, 지속적으로 기여자들이 동기를 부여받을 수 있다고 보았다. 발현적 지식이란 사람들에 의해 직접 입력된 답변이나 지식보다 더 많은 답변과 지식 발견이 추론과 계산에 의해 가능한 시스템을 말하는 것이다.

3.1.4. 집단지성을 극대화하기 위한 조건 및 장점

① 집단지성 발현의 필수조건

집단지성 발생 원리는 연구자에 따라 다르지만, 구성원의 다양성, 자율적 참여 및 조정 문화를 기반으로 하고 있다.

[표 3-3] 집단지성 발생의 주요원리 비교

구분	레비 (1997)	서로위키 (2004)	리드비터 (2008)
구성원의 성격	- 다양성, 정체성	- 다양성, 독립성	- 참여
참여동기	- 정체성 인정		- 기여에 대한 인정
집단내 상호작용	- 실시간 조정	- 자율조정문화 - 문화 및 관행	- 기여와 인정 - 관계 맺기
집단내 조직화	- 정당한 평가와 가치부여	- 자체조직화 - 중심없는 적응력	- 핵심그룹 - 협업 - 자율규제와 창의성
집단지성 발생핵심 요소	- 지식의 분점 - 지속적인 가치 부여 - 실시간 조정 - 지성의 인정	- 의견의 다양성 - 독립성 - 분산화 - 종합·통합	- 핵심 - 기여 - 관계맺기 - 협업 - 창의성
특이점	- 거시적 문명사적 관점에서 집단지성 조명	- 대중의 평균적 지혜 강조	- 웹의 미래와 공동체주의 관점에서 고찰

따라서 집단지성을 극대화하기 위해서는 기본적으로 다양성을 전제로 해야 하며, 자유로운 참여를 보장하여 최대한 창의적인 대안들을 모색하고 논의될 수 있는 환경 조성이 필요하다.

리드비터(Charles Leadbeater)는 생산된 지식이 발전하기 위해서는 적극적인 참여와 자유로운 논의가 될 수 있는 '환경 조성'이 필요하다고 주장하였으며, 제임스 서로위키(James Surowiecki)는 수준 높은 집단지성의 구체적인 조건들로 다양성, 독립성, 통합 메커니즘이 필요하다고 했다.

[표 3-4] 집단지성의 구체적 조건

구분	내용
다양성(Diversity)	■ 의견과 개성이 다른 사람들이 집단의 독립적 생각을 촉진함으로써 전문가 집단보다 나은 해결책 제시
독립성(Independence)	■ 영향력 있는 사람의 의견이 개입되지 않고 개인의 정보에 근거하여 독립적으로 판단할 수 있을때 좋은 결과를 도출
통합 매커니즘 (Integration mechanism)	■ 전문 분야에 특화된 개별지식을 집단 내에 확산시키는 동시에 흩어져 있는 다양한 의견을 통합하는 시스템 구축 시 좋은 결과를 도출

지식과 경험이 다양한 참여자를 확보 · 참여시키는 것이 집단지성 활용시 효과적이며, 다양한 분야에서 추출된 '평범한' 구성원들의 집단이 특정 분야에서 '월등한' 전문가 집단에 비해 문제 해결 성과가 항상 더 우수한 이유는 특정 분야에 국한하여 개개인의 역량이 월등한 인재 집합은 틀에 박힌 방식으로 문제에 접근하기 때문이라고 했다.

집단지성을 극대화하기 위해서는 ① 어떤 형태로든 그 지성이 한

데 모여서 의미있는 결과물이나 의사결정이 일어날 수 있는 플랫폼이 마련되어야 하며, ② 지식과 경험이 다양한 참여자를 확보·참여시키는 것이 중요하며, ③ 집단 구성원들간에 수평적인 권한과 독립성 보장, 각자의 참여가 쉽고 직관적이어야 한다. 구성원들의 '자발적 참여'는 네트워크의 질과 연계되어야 한다. 의사결정이나 기여에 참여하기 어렵다는 것은 참여자가 외면하거나 소수 권력화를 야기시킬 수 있음을 인식해야 한다.

② 집단지성의 장점

집단지성을 효과적으로 활용하면 새로운 아이디어를 창출하고, 새롭고 획기적인 방법으로 고질적인 문제를 해결하며, 더욱 다양하고 확실한 정보에 근거한 의사결정을 내리는 데 중요한 역할을 한다.

첫 번째 장점으로 새로운 시각 및 창의적 아이디어로 문제 접근 및 해결이 가능하다. 풀기 힘든 기술적인 문제나 관성에 젖은 사고를 외부와의 협업과 새로운 시각을 통해 쉽게 해결할 수 있으며, 창의적이면서 정보에 기반한 정확한 판단이 가능하다.

둘째, 전문가들의 오류 및 편향된 의견 보완이 가능하다. 다양한 참여주체들 간 지식 공유, 논의와 합의 과정중의 피드백을 통해 전문가들의 오류와 편향된 의견을 보완할 수 있으며, 미래지향적인 비전을 실현하기 위한 공통된 목표를 공유하게끔 하여 의사결정의 영향력을 높일 수 있다.

셋째, 미래사회 예측 효과를 개선할 수 있다. 참여주체의 다양성을 바탕으로 미래에 대한 다양한 시각 및 접근방법 수립이 가능하며, 불확실한 미래가 지닌 위험요소에 대한 인지 능력을 높여 주고 난제 해결을 위한 공통된 목표를 공유함으로써 효과적인 대응방안 마련이 가능하다.

넷째, 새로운 부가가치 창출이 가능하다. 네트워크 효과로 인해 다양한 주체들의 참여가 기존 지식에 가치를 부가함에 따라 참여주체들의 지혜가 한명의 전문가 지혜를 능가하는 것이다. 전문가들의 지식 공유와 자발적인 참여를 통해 새로운 부가가치 창출 및 참여주체들의 핵심역량 제고가 가능하다.

3.1.5. 개발단계별 집단지성의 활용

집단지성을 창출하는 집단의 유형은 아래와 같이 소비자(사용자)를 비롯한 기업 내·외부의 진문가 집단 등 다양하다.

[표 3-5] 집단지성의 유형과 정의

집단유형	정의	사례
소비자	제품을 구매하고 실질적으로 사용하는 고객	델 아이디어스톰 참여자
전문가 집단	제품개발과정에서 필요한 기술적 지식을 보유하고 있는 전문가	이노센티브, 나인시그마 회원, 필립스 단순화자문 위원회 위원
프로슈머	제품관련 지식이 많고 제품평가 결과를 적극적으로 기업에 알리거나 기사화하여 다른 소비자에게 전달하는 사용자	삼성전자 자이제니아 니콘 니콘니언
프로유저	기술적 전문성을 일부 갖추어 그 제품을 직접 개량할 수 있는 소비자	리눅스 개발참여자 위키피디아 콘텐츠 작성자

제품 개발단계별로 집단지성을 활용하여 제품혁신에 기여하는 집단은 다음과 같다.[14]

---

14)   홍선영, "제품혁신의 숨겨진 원동력: 집단지성", SERI경영노트 제14호, 2009.7.9

[그림 3-1] 제품개발 단계별 집단지성의 활용

제품개발단계	집단지성	주요활동	대표사례
① 기획단계	소비자집단	-독특하고 획기적인 아이디어를 제안 -소비자가 직접 상품화까지 결정	아이디어스톰(델) MUJI.net(양품계획)
② 개발단계	전문가집단	-기술적 문제를 해결 -내부의 타 부서 정보와 기술을 활용	금광발굴(골드코프) 히트펌프세탁기(파나소닉)
③ 평가단계	프로슈머	-제품의 문제점과 개선사항을 평가	애니콜 커뮤니티 (삼성전자)
④ 상용화단계	프로유저	-전문적 지식과 정보를 결합해 제품 생산에 기여 -자신만의 독자적 발명품으로 개조	MapMaker(구글) 마인드스톰(레고)

제품 기획단계에는 소비자(사용자)들의 독특하고 획기적인 아이디어를 선별해 적극 반영하는 것이 중요하다. 다양하고 깊이 있는 의견을 수집하기 위하여 주요 고객들을 패널로 구성하거나 설문조사를 실시한다. GE는 2005년 3차원 CT '라이트 스피드 VCT' 개발 당시 의사와 진단방사선 전문가들을 대상으로 조사한 결과, '하루 검사횟수가 80번 이상이므로 빠른 화상처리가 필수적'이란 점을 파악해 처리속도를 3분에서 17초로 줄인 제품을 개발할 수 있었다. 소비자들이 제안한 요구 및 아이디어를 서로 공유하고 개선할 수 있는 활발한 토론의 장을 만드는 것이 효과적인 방법이다.

[그림 3-2] 델 아이디어스톰

델(Dell)은 제품에 대한 아이디어를 게시하고 투표에 참여하며 관련 아이디어에 대한 토론을 진행하는 사용자 커뮤니티사이트 '아이디어 스톰'을 운영하고 있다. 아이디어 스톰은 'POST→PROMOTE→DISCUSS→SEE'라는 4단계 프로세스로 고객들의 아이디어가 구체화되어 사업으로 실현된다. 네티즌으로부터 높은 평가를 받은 아이디어는 제품개발에 적극 적용하고 채택된 아이디어를 낸 소비자에게 1,000달러의 인센티브를 제공하고 있다.

2007년 대부분의 경쟁사들이 MS가 적극적으로 마케팅하는 '윈도우 비스타'에 힘을 실어주는 상황에서, 델은 '아이디어 스톰'을 통한 사용자들의 요청을 수용해 신제품에 '윈도우XP'를 다시 탑재할

III. 오픈 이노베이션의 발전

것을 전격 발표한 바 있다.

　제품기획에 관심이 많고 전문성이 높은 소비자들은 자유로운 의견 교류를 통해 서로의 아이디어를 발전시키고 구체화할 수 있다. 스타벅스는 소비자 커뮤니티인 Mystarbucks.com에서 추천을 가장 많이 받은 아이디어를 초기화면으로 띄우는 등 소비자들의 활발한 토론과 참여를 유도함으로써 고객만족도를 높이는 데 활용하고 있다. 참여한 소비자들은 자신의 아이디어가 진화되어 가는 과정을 보면서 기획자로서의 자긍심과 성취감을 공유하는 것이다. 고급 신발브랜드 존플루보그(John Fluevog(미국))는 참여자들을 독려하기 위해 채택된 디자인에 대해 직접 디자인한 사람의 이름을 새겨 주기도 한다.

　② 개발단계 : 전문가집단

　개발자들이 제품 개발과정에서 풀기 힘든 기술적인 문제를 외부 전문가 집단의 힘을 빌어 해결하는 경우가 종종 발생한다. 내부인력에 비해 외부전문가들은 고정관념에 얽매이지 않고 새로운 시각에서 문제를 볼 수 있어서 복잡한 문제를 의외로 쉽게 해결할 수도 있는 것이다.

[그림 3-3] 골드코프

　　캐나다 토론토의 작은 금광회사인 골드코프는 새로운 금광을 발견하지 못하면 광산의 문을 닫게 될 처지에 놓일 만큼 경영상태가 최악이었다. 새로운 금광을 찾기 위해 백방으로 노력했지만 모두 허사였다. 골드코프의 CEO인 롭 맥이웬은 리눅스의 오픈소스 전략의 성공에 힌트를 얻어 2000년 3월 골드코트 챌린지(Goldcorp Challenge) 콘테스트를 개최하면서 1948년부터 축적된 지질조사 데이터를 회사의 웹사이트에 모두 공개했다. 회사의 중대 기밀사항이어서 자칫 위험한 상황이 초래될 수 있는 매우 대담한 결정이었다. 금 170톤을 찾아내는 것을 목표로 제시하고 총 57만5,000달러의 상금을 걸었다. 전 세계 50여 개국의 지질학자, 수학자 등이 참가하여 50여 년을 헤매도 찾지 못했던 금광후보지를 110곳이나 찾아냈다. 그리고 220톤의 금을 발견했다. 1억 달러 정도의 저조한 실적에 불과하던 회사는 90억 달러라는 경이로운 실적을 기록하면

서 거물회사로 탈바꿈하게 되었다.[15]

지질학자를 비롯해 대학원생, 수학자, 장교 등의 참가자들이 110
곳의 새로운 금맥후보지를 제안했고, 이 중 80% 이상에서 금맥이
발견되었으며, 55억 달러 가치의 금광을 발굴한 사람은 지질학자
가 아닌 컴퓨터엔지니어였다.

③ 평가단계 : 프로슈머(Producer + Consumer)

제품을 본격 출시하기 전, 프로슈머들이 미리 써 보고 평가하도
록 해 문제점(개선 요구사항)을 발굴하고 피드백할 수 있다. 커뮤니티
공간에서 활동하는 전문가 집단을 통해 제품을 평가받는 것은 이
미 일반화되었으며, 게임, 소프트웨어의 경우 출시 전 베타테스트
를 거쳐 제품의 문제점을 보완하는 것이 상식이다. 2008년 출시한
MS의 XBox 360용 게임인 '헤일로3'의 베타 테스트에는 전 세계
25개국의 82만 명이 참여하였다.

[그림 3-4] 파나소닉 드럼식 세탁건조기

---

15)   최김찬배, "내 인생의 위키노믹스", 2008.1

2005년 파나소닉은 에어컨에 적용되는 히트펌프 개념을 차용하여 세탁물의 습기를 제거하는 드럼식 세탁건조기(NA-VR1000)를 업계 최초로 개발하였다. 냉매의 발열 또는 응축열을 이용해 열을 전달하는 히트펌프를 사용하여 65℃ 이상의 고온에서 고속으로 습기를 제거하기 때문에 섬유의 손상을 줄이며, 건조시간도 단축하여 에너지를 50% 절감하는 획기적인 아이디어였다. "에어컨의 제습기능을 세탁기에 적용하자"는 발상으로 타 사업부의 집단지성을 적극 활용한 결과로 세탁기에 적용할 수 있는 히트펌프의 설계기술을 에어컨 사업부로부터 습득하여 단기간에 개발하였다. 발매 당시 26만 엔의 고가에 출시했으나 히트상품에 선정될 정도로 인기를 얻었다.

　　프로슈머의 의견과 평가를 소홀히 한 제품은 결국 시장에서 외면당하는 결과를 초래하게 된다. 프로슈머는 유사제품을 장기간 사용한 경험이 있으므로 개발과정에서 발견하지 못했던 결함이나 불편사항 등을 정확히 지적할 능력을 보유하게 된다. 캐논은 2003년 경쟁사를 의식해 자동초점기능을 보강(초점수 4개→7개)한 DSLR 카메라 'EOS-10D'를 출시하였으나, 오히려 자동초점이 잘 안 된다는 문제를 프로슈머들이 지적하였다. 불매운동까지 겪은 후 뒤늦게 사내개발 전문가와 프로슈머를 초청해 공동테스트를 실시하고 이를 통해 초점기능을 개선한 'EOS-350D'를 2005년 출시함으로써 명예를 회복할 수 있었다.

④ 상용화단계 : 프로유저(Professional User)

출시된 제품의 질과 다양성을 제고하기 위해서 제품에 대한 전문
지식과 창의적 아이디어를 지닌 소비자(프로유저)들의 지식과 정보를
결합할 수 있다. 구글은 지도의 정확도를 높이기 위해 각 지역전문
가들이 지도 제작에 직접 참여할 수 있도록 지원하는 Map Maker
프로그램을 제공한 바 있다. Buglab은 프로유저들을 대상으로 휴
대폰, MP3 등 다양한 기기를 직접 제작할 수 있도록 회로와 모듈
제작에 필요한 설계도를 공개하기도 했다.

프로유저들이 기업에서 지원하는 공개정보를 활용해 자신만의
독자적인 발명품으로 탄생시키는 경우도 빈번하게 등장하였다.

[그림 3-5] 레고 마인드스톰

1998년 지능형 로봇블록 장난감 '마인드 스톰'을 출시한 레고는
사용자들의 적극적인 참여를 통해 성능을 크게 향상시킨 사례이다.

사용자들은 로봇시스템을 완전히 분해해서 새롭게 조립하고 프로그래밍도 다시 하면서 다양한 형태의 제품을 창조할 수 있다. 레고는 처음에는 기술역량을 침해당했다고 생각했었으나, 제품 성능향상을 위해 소프트웨어 사용허가 계약서에 해킹할 수 있는 권리를 명시하며 이들의 활동을 적극적으로 장려하게 되었다. 이후 사용자들이 만든 3차원 가상모형중 우수작을 선정해 전통적인 제품으로 출시하여 100여 명 내부 디자이너의 150배에 달하는 규모의 일반 고객 디자이너의 아이디어를 활용할 수 있게 된 것이다.

3.1.6. 집단지성의 사례 : '모자이크'

삼성전자는 2014년 3월 사내에 '모자이크(MOSAIC)'라는 새로운 시스템을 도입했다. 모자이크는 삼성전자가 자체 개발한 플랫폼으로, 사내(社內) 임직원들 간 지식과 아이디어를 마음껏 나눌 수 있는 집단지성시스템이다. 지식과 아이디어를 공유하고 제도·보상 정책 및 교육·문화 개선을 통해 뒷받침하겠다는 취지에서 시작했다. 출범 이후 1년 이상 지난 2015년 6월, 페이지 뷰는 약 5,700만 건, 하루 평균 접속자수는 5만7,000여 명에 달했다.[16]

---

16)   김경민, "우리는 나보다 똑똑하다", 이코노미조선 7월호, 2015. 7. 3

삼성전자 임직원이라면 누구든 참여할 수 있는 플랫폼인 모자이크에 오른 전체 제안과 게시글 수는 210만 건이 넘었다. '아이디어(idea)'에 '사람(people)'을 더한다는 기본 콘셉트에서 시작한 이 집단지성시스템은 삼성전자가 2013년부터 운영해 오던 'S-KMS'를 좀 더 발전시킨 형태로, 도입 후 사내 제안은 3배로, 공동참여율은 36배 증가했다.

[그림 3-6] 삼성전자 집단지성시스템 모자이크①

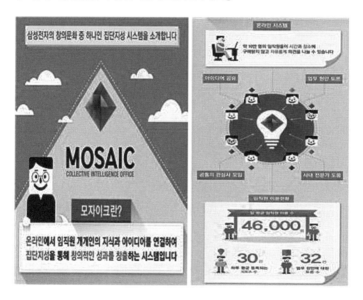

* 출처 : 김소영, "집단지성 모자이크의 모든 것", 삼성 뉴스룸, 2014.8.20

[그림 3-7] 삼성전자 집단지성시스템 모자이크②

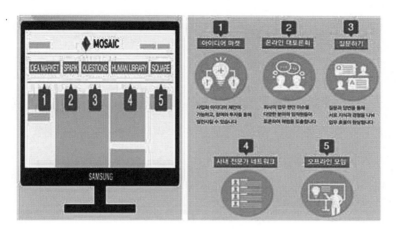

* 출처 : 김소영,"집단지성 모자이크의 모든 것", 삼성 뉴스룸, 2014.8.20

◆ 전문가들 의견 공유로 아이디어 선순환

　삼성전자 연구원들은 한 가지 습관이 생겼다고 한다. 업무회의에
들어가기 전 반드시 사내 인트라넷을 통해 모자이크에 접속해 사내
의견 제안·토론장인 '스파크(Spark)'의 관련 글들을 꼼꼼히 체크한
다고 한다. 팀 내·외부의 목소리를 듣고 작업 중인 제품에 실질적
으로 피드백을 반영하기 위해서다. 회의에 앞서 스파크에 올려놓
은 제안 창을 확인하고 조회수를 통해 사람들의 관심이 많은 아이
템인지를 확인한다고 한다.

모자이크엔 크게 다섯 가지 서비스가 제공된다. 오픈 디스커션 (discussion) 서비스인 '스파크', 새로운 아이디어를 제안할 수 있는 '아이디어 마켓(Idea Market)', 누구나 질문하고 답할 수 있는 '퀘스천 즈(Questions)', 온라인 협업공간인 '커뮤니티(Community)', 여기서 파생된 오프라인 모임인 '스퀘어(Square)'가 주된 서비스이며, 필요한 전문가를 검색할 수 있는 '휴먼 라이브러리(Human Library)', 연구 및 개발의 결과물을 공개하고 임직원에게 평가·검증 받을 수 있는 서비스인 '모자이크 스토어(MOSAIC Store)' 등도 제공된다.

삼성전자는 국내뿐 아니라, 20만 명의 해외 임직원들의 참여를 위해 '모자이크 글로벌(MOSAIC Global)' 버전도 운영 중이다. 2015년 4월부터 번역 서비스와 글로벌 설문 서비스가 제공되고 있다.

2014년 3월 모자이크가 베타 오픈된 이래 삼성전자 사내에선 일단 성공적이었다고 보고 있다. 한 삼성전자 소속 개발자는 "처음 모자이크 서비스를 시작했을 때의 예상보다 참여자들의 반응이 뜨거웠고, 점점 더 뜨거워져 가고 있다"며 "새로운 집단지성시스템이 좀 더 나은 제품과 서비스 개발에 상당 부분 기여한다"고 평가했다. 실제로 삼성전자 집단지성 사무국에 따르면, 지난해 모자이크의 아이디어 마켓에 제안된 전체 아이디어 6,335건 가운데 70건이 사업화에 기여했으며 상품화로까지 연계된 것은 31건이었다. A급 특허출원에 기여한 아이디어는 39건이었다.

삼성전자는 모자이크 활동자들에 대해 필요한 인프라를 제공함과 동시에 활동이 우수한 참여자들을 위한 금전적·비금전적인 다양한 포상책을 운영하고 있다. 모자이크를 통해 조직된 사내 스터디 그룹에 대해선 장소 지원 및 활동비 지원까지 이뤄지며 집단지성, 즉 'Collective Intelligence'의 머리글자를 따서 이름 붙인 '코인(COIN) 제도'를 통해, 참여자의 활동은 실시간으로 금전적으로 적립된다.

전문가들은 "컴퓨터 환경과 온라인 시스템이 뒷받침되어 원활한 온라인 네트워킹이 가능했고, 이를 적극적으로 이용할 수 있는 개별적 지성을 가진 사람들이 많이 있었기에 모자이크가 집단지성 플랫폼으로서 성공할 수 있었다"고 평가하기도 한다. 삼성전자는 이 두 가지 요건을 충분히 갖추고 있다는 것이다. 집단지성 사무국은 "질의응답 서비스인 '퀘스천즈' 서비스의 답변율은 90%를 넘으며 삼성전자 전 직군에서 4,200여 개의 온라인 커뮤니티를 활용해 협업 중"이라며 "삼성전자 임직원들의 모자이크 활용 빈도가 매우 높다"고 보았다.

◆ 시공간을 뛰어넘은 브레인스토밍

집단지성의 대상은 무궁무진하다. '21세기부터는 어떻게 살아가야 할까', '지구적 환경문제인 기후변화에 어떻게 대응해야 할까'와 같은 거시적인 어젠다(agenda)에서부터 장애인용 손목시계의 마케팅 같은 소규모 과제까지, 여러 사람들이 의미를 느낄 수 있는 일이라면 무엇이든 그 대상이 된다.

　최근의 집단지성은 과거와는 비교도 되지 않을 정도로 적은 비용으로, 더 큰 규모로 콘텐츠를 생산할 수 있게 되었다. 바로 컴퓨터와 인터넷 덕분이다. 특정 과제들에 대해 온라인으로 오픈 플랫폼을 만들어 두면, 런던의 사무실에 있는 사람이 근무시간 중 잠깐 짬을 내서 부에노스아이레스의 가정주부, 베이징대학 도서관의 학생, 한국 홍대 앞 카페에 있는 프리랜서 작가 등을 포함한 수많은 사람들과 함께 인터넷을 통해 토론할 수 있다.

　프로젝트의 성격에 따라 몇 명에서 몇 백만 명까지, 하려고 한다면 거의 무한대로 참여 규모를 오픈할 수 있다. 또 거리의 제약을 받지 않기 때문에 지구상 다양한 지역에 사는 사람들이 아무 어려움 없이 집단지성 과정에 참여할 수 있는 것이다.

3.2. 혁신 중개자

3.2.1. 개요

오픈 이노베이션에 기반을 둔 기술중개 서비스가 2000년대 이후 미국을 중심으로 활성화되고 있다. '오픈 이노베이션'이란 용어를 쓰지는 않았지만 시장에서 필요한 기술을 찾고 연계시켜 주는 중개 서비스는 이미 오래전부터 활용되고 있다. 한일산업 기술협력재단의 일본기업연구센터(JABIS)도 일본과의 비즈니스 협력을 지원해 주고 있는데, 그 핵심 내용의 하나가 기술제휴 및 일본 기술자를 연결시켜 주는 것이다. 이외에도 민간 기술이전 중개조직이 있고, 또 대학이나 출연연구기관의 기술을 민간으로 이전시켜 주는 기술이전조직(TLO)이 있다. 그렇다면 오픈 이노베이션이란 키워드를 사용하면서 새롭게 부각되고 있는 기술 중개조직은 기존 유사 기술거래 조직과 어떤 차별성이 있는가? 요약하면 다음과 같은 두 가지 관점에서 차이가 있는 것으로 보인다.[17]

첫째는 기술거래, 중개의 방향이 다르다고 할 수 있다. 기존 기술거래소나 대학 및 출연연구기관의 TLO(Technology Licensing Office) 같은 기존 기술거래 조직은 먼저 기술을 개발하여 지적재산권화 한 뒤 기술의 수요자를 찾는 것이 일반적이다. 우수 기술의 경우 기술거래기관을 통하지 않고서도 수요기업으로 이전될 수 있기 때문에 거래기관에 등록된 기술의 이전성과는 그리 크지 않은 것이 일반적이다. 실례로 기술거래소의 경우 2000년 설립이후 기술거래실적이

---

17)　이철원, "개방형 혁신활성화를 위한 새로운 기술중개조직의 모색", 과학기술정책 SepOct, 2008.10, 34~40page

2000년 68건에서 2003년 42건, 2005년 20건으로 감소하는 현상이 나타나고 있다. 이와는 달리 오픈 이노베이션에 근거한 기술중개 조직은 일종의 역방향 기술이전 방식을 추구하고 있다. 역방향이란 것은 시장에서 수요가 있는 기술을 공급해 줄 수 있는 제공자를 찾아서 연결시켜 주는 것이다.

시장 수요가 있다는 것은 비즈니스 모델이 확립되어 있다는 것을 의미한다. 따라서 필요한 기술을 찾을 수만 있다면 기술이전이 성공할 가능성이 매우 높아진다. 시장에서 요구되는 기술을 찾기 때문에 시장에서 실패할 가능성이 낮다.

둘째는 소위 '테그놀로지 인에이블러(Technology Enabler)'와의 결합을 들 수 있다. 오픈 이노베이션이 주목 받는 이유의 하나는 웹(Web) 기술의 발전으로 기술 공급자와 기술수요자를 연계시켜 주는 거래 비용이 급격히 감소하였기 때문이다. 기술 중개를 위한 웹 사이트를 통해서 수요기업이 필요한 기술을 고시하면 전 세계에 흩어져 있는 불특정 다수의 기술공급자들이 그에 응모해서 거래를 성사시켜 나가는 방식이다. 일종의 역경매(reverse auction) 방식으로 볼 수 있다. 지역의 제한도 없다. 웹만 접속할 수 있는 곳이라면 자신이 보유하고 있는 기술을 제공할 수 있다. 오픈 이노베이션에 의한 기술중개 서비스는 웹 기술의 지원을 통해 공간의 제약을 받지 않는 글로벌 시장을 지향하고 있다.

3.2.2. 기술중개기업

오픈 이노베이션에 의한 기술중개 서비스 유형은 혁신중개형 비즈니스 모델(Innovation Intermediary Business Model)과 지적재산활성화 비즈니스 모델(IP-Enabled Business Model)이 있다. 혁신중개형 사업 모델은 이노센티브(Innocentive), 나인시그마(NineSigma) 등이 그 대표적 사례이다. 이노센티브는 2001년 다국적 제약회사인 Eli Lilly가 외부로부터 필요한 기술을 확보하기 위해 만든 부서가 별도의 법인으로 독립한 경우이다. 수요기업은 이노센티브를 이용해 2008년 현재 전 세계 175개국의 약 135,000명의 기술 제공자로부터 필요한 기술을 확보하고 있다. 웹 중개 시스템을 통해 기술수요자와 기술공급자를 연결시켜 주고 있으며, 평균 문제 해결률은 30% 정도이다. 참고로 Eli Lilly는 이노센티브를 이용해서 2005년까지 약 200여 문제를 해결한 것으로 알려져 있다. 이노센티브는 단순히 웹을 이용한 중개 사이트만 운영하는 것은 아니다. 내부에 기술분야별 전문가를 두고 있으며, 수요기업(Seeker)의 실제 기술적 이슈를 기술공급자들(Solver)이 이해할 수 있는 형태로 기술 문제를 정의하고, 그에 대한 구체적 사양을 만들 수 있도록 지원하고 있다. 글로벌 1000대 기업의 대부분이 이노센티브를 이용해 필요한 기술을 확보하고 있으며, 최근에는 록펠러 재단과 같은 비 영리조직도 이노센티브를 적극 활용하는 추세이다. [그림 3-8]과 같이 성공적인 중개가 이루어진 경우 수요기업은 적정 기술료(약 USD5,000에서 USD1,000,000까지, 문제에 따라 적정 기술료를 수요기업이 사전에 고시함)를 기술제공자에게 지

III. 오픈 이노베이션의 발전

급한다. 이노센티브는 수요기업으로부터 연회비, 컨설팅비, 그리고 성공적인 기술이전이 이루어진 경우 일정액의 수수료를 받는다.

　2000년에 P&G의 지원을 받아 창업벤처기업으로 설립된 나인시그마(NineSigma)도 이노센티브와 유사한 서비스를 제공하고 있다. 나인시그마는 먼저 고객과의 긴밀한 협조 하에 고객이 원하는 기술 확보를 위한 제안서(RFP: Request for proposal) 작성을 자문해 준다. 이를 위해 조직의 내·외부 기술분야 전문가들을 확보하고 있다. 이렇게 만들어진 RFP는 나인시그마 DB에 수록된 전 세계에 흩어져 있는 기술제공자(Solution Provier)들 중 가능성이 있는 후보자를 선별하여 그들에게 E-mail로 발송된다. 나인시그마도 최근에는 이노센티브와 같은 웹 중개 시스템도 함께 활용하고 있다. 현재 글로벌 1000대 기업을 중심으로 수요기업(Solution Seeker)를 확보하고 있으며, 미국, 유럽, 아시아 등에 70만 명 이상의 기술제공자(Solution Provider) 후보 리스트를 확보하고 있다. 참고로 P&G는 NineSigma를 통해 100여 개의 문제를 해결하였으며, 그중 45%이상이 추가적인 협력 계약으로 확장되었다고 밝힌 바 있다(2006년 기준).

　지적재산활성화 비즈니스 모델(IP-Enabled Business Model)의 대표적인 예는 유텍(UTEK)을 들 수 있다. 유텍은 엄밀히 말하면 기술 중개조직과는 다른 사업모델을 갖고 있다. 유텍은 대학과 연구기관의 우수 기술개발성과, 즉 지재권(IP)을 유상으로 구매하고, 그 기술자산을 수요기업에게 판매하는 비즈니스를 하고 있다. 물론 수요기업이 먼저 자신에게 필요한 기술 확보를 유텍에게 의뢰하는 경우도 있다([그림 3-9] 참조).

[그림 3-8] 이노센티브의 비즈니스 모델 개념도

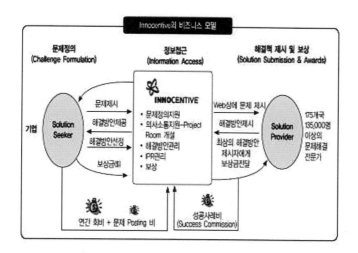

유텍에는 오픈 이노베이션 창시자 체스브로우(Henry Chesbrough) 교수가 경영에 깊이 관여하고 있다. 또한 42명의 저명한 과학기술자로 구성된 기술자문단을 운영하고 있는데, 그중에는 노벨상 수상자도 포함되어 있다. 유텍은 1997년 the University of South Florida의 기술이전부서에 의해 설립되었고, 미국을 중심으로 전 세계 약 2,000개 이상의 대학과 정부연구소를 Technology Source로 활용하고 있다. 2008년 현재 유텍은 약 5만 개 이상의 즉시 기술이전이 가능한 기술 DB를 구축해 놓고 있는데, 2006년 29건(총 5,120만$의 가치), 2007년 16건(총 1,640만$의 가치)의 기술이전을 성사시켰다.

III. 오픈 이노베이션의 발전

국내의 경우 나인시그마 또는 이노센티브같은 오픈 이노베이션에 근거한 기술중개 조직은 아직 등장하지 않고 있다. 그러나 국내의 일부 대기업들은 수요기업의 입장에서 오픈 이노베이션을 적극 활용하고 있거나 향후 활용을 검토 중에 있는 것으로 알려져 있다. 정확한 통계는 없지만 LG화학 등 일부 대기업들을 중심으로 나인시그마(NineSigma) 및 이노센티브(Innocentive) 같은 기술 중개조직(Innomediary)을 활용하는 사례도 늘고 있다. ㈜테크노베이션파트너는 글로벌 지식중개기업 이노센티브와 오픈 이노베이션 서비스에 관한 파트너십을 2009년 체결하고 중개서비스를 제공하고 있다고 한다.

오픈 이노베이션의 실천에 있어 가장 중요한 관건이 필요한 기술을 제공해 줄 수 있는 최적의 기술공급자를 찾는 것이고 유능한 기술 중개조직이 그와 같은 서비스를 제공하기 때문이다.

[그림 3-9] 유텍의 기술중개 비즈니스 모델 개념도

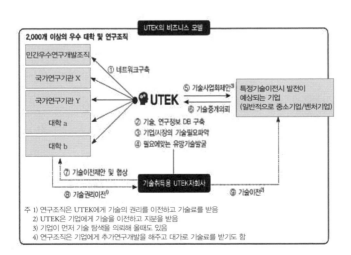

21세기 생존전략 4차 산업혁명

오픈 이노베이션에 근거한 기술 중개조직을 이용해 기술을 찾는 경우 기대할 수 있는 효과를 요약하면 [그림 3-10]과 같다. 요약하면 수요기업 스스로 협력 가능 대상자를 찾는 것보다 중개조직을 활용하는 것이 조사 대상 기술영역이 더 넓고, 또 그렇게 해서 얻어진 결과의 질적 수준도 보다 우수하다.

[그림 3-10] 기술중개조직 활용시의 기대효과

	기술영역의 포괄범위	서비스의 질적 수준
자체탐색 또는 협회등을 활용	■ 가능한 기술제공자를 탐색하는 영역이 회사의 기존 네트워크를 벗어나기 어려움 ■ 기존과는 다른 새로운 영역에서 대안을 찾기가 쉽지 않음	■ 후보기술제공자를 찾은 후에 그 기술이 회사가 필요로 하는 바로 그 기술인지를 확인하고 또 기술이전 조건을 협상하는 데 많은 시간이 소요됨
기술중개 조직을 활용	■ 기술적 이슈를 정의하고, 가능한 기술제공자를 찾아 주는 노하우를 이용해 회사의 기존 네트워크 밖의 가능한 모든 영역에서 기술공급자를 찾아 줌 ■ 기존에는 알지 못했던 새로운 방법론을 활용한 기술적 해결책을 찾을 수 있음	■ 기술적 우위성, 개선효과, 협력 가능성을 한꺼번에 종합적으로 판단할 수 있는 제안서를 받아서 검토함 ■ 이미 알려진 방법이면서 훨씬 더 높은 성과를 내는 대안을 찾는 경우도 많음

　　이와 같이 기업이 협력대상자 탐색을 위한 자체 시스템을 확보하려는 이유는 보안상의 이슈 때문이다. 비즈니스 모델 개발시 가장 중요한 것이 전략도출의 보호인 것같이 특정 기술을 찾는다는 것이 경쟁사에 알려진다면 그것은 기술전략을 노출시키는 것이다. 따라

서 기술 중개조직은 수요기업에서 우려하는 기술적 보안 이슈를 해결해 줄 수 있어야 한다. 예를 들면 기술이 어떤 용도로 사용되는지가 쉽게 파악되지 않도록 수요기업이 원하는 기술을 세부 요소기술로 분할하여 확보하는 방법 등을 생각할 수 있다. 이런 이유로 오픈 이노베이션을 통해 확보해야 할 요소기술의 내용과 범위를 정하는 것이 기술중개 조직이 제공해야 할 첫 번째 서비스 내용이 된다. 이노센티브, 나인시그마는 모두 이 영역에서 나름대로의 노하우를 확보하여 고객의 우려를 해소시켜 주고 있다. 이 같은 관점에서 볼 때 국내에도 기술중개 조직이 탄생하고, 성장하기 위해서는 이 같은 기술전략 상의 보안 이슈를 해결할 수 있는 내부 역량을 구비해야 한다. 이 역량은 흔히 기술이전 조직이 확보해야 할 기본적인 조건이다.

현재 기술중개 조직을 적극 활용하는 기업들은 P&G, BASF, Eli Lilly, Dupont, Kodak, GSK, AT&T 등 다양하다. 이들 기업들은 내부에도 막강한 기술개발조직을 확보하고 있는 기업들이다. 그런데 이들이 왜 기술중개 조직을 활용한 외부의 기술지식 확보에 적극적인지 그 배경에 대한 이해가 필요하다. 우선 모든 필요영역에서 자체 R&D 조직을 확보하기 위해서는 많은 비용이 소요된다. 이런 이유로 기업은 내부 R&D 투자는 핵심역량에 집중하고 기타 주변 기술을 확보하는 데 외부 전문가를 활용하는 기술확보전략을 활용해 왔다. 그러나, 지금까지 실제 오픈 이노베이션 방식의 기술중개 조직 활용 성과를 살펴보면 조금 다른 내용을 확인할 수 있다. 미국 하버드 대학의 연구팀이 이노센티브를 통해 성공적인 기술중개 사례를 분석한 연구논문을 발표한 바 있다. 이 논문에서 분석한 내용 중 흥미로운 사실의 하나는 기술 중개에 성공한 사례의 많은 경우 타 기술영역의 지식을 활용하였다는 것이다. 예를 들면 화학의 문제를 수학자가, 생물학의 문제를 화학자가, 해양오염방재 문제를 건설기술자가 해결했다는 것이다. 즉, 오픈 이노베이션을 추구하는 기술 중개조직이 수요기업의 전문영역이 아닌 다른 영역의 기술지식을 활용할 수 있도록 연결시켜 줄 수 있었기에 기술중개 업무가 성과를 낼 수 있었다는 것으로 해석된다. 오픈 이노베이션에 의한 기술중개 서비스는 불특정 다수의 집단지성을 활용하기 때문에 이 같은 이종지식의 활용이 상대적으로 용이하다는 장점이 있다. 이 같은 분석 결과가 시사하는 바는 향후 우리 고유의 기술중개 조직도 많은 영역에서의 전문가(solution provider) 네트워크, 가급적이면 글로벌 네트워크를 구축해야만 한다는 점이다. 소수의 전문 영역에 국한된 기술중개 서비스 제공으로는 오픈 이노베이션 기술중개 서비스의 장점을 충분히 발휘하지 못할 수 있다.

지금까지 오픈 이노베이션의 수혜기업은 주로 글로벌 기업에 국한되어 있었다. 그 이유는 신기술을 이용한 비즈니스 모델을 만들수 있는 기업만이 오픈 이노베이션의 수혜자가 될 수 있기 때문이다. 비즈니스 모델을 구상할 수 있다면 필요한 기술은 대부분 시장에서 확보할 수 있다는 것이 오픈 이노베이션의 기본 가정이다. 대표적인 사례가 애플사의 MP3 플레이어인 아이팟(ipod) 개발이다.

아이팟은 토니 파델(Tony Fadell)이라는 사람이 고안한 비즈니스 모델을 애플사가 전격적으로 지원하여 단 6개월만에 다양한 기업에서 선발된 35명의 전문가들이 연합하여 무에서 유를 창조한 대표적 오픈 이노베이션의 성공사례이다. 이 아이팟은 나중에 나이키 조깅화와 결합하면서 또 다른 새로운 융합 상품을 탄생시키게 된다. 아이팟의 사례에서 알 수 있는 것은 오픈 이노베이션은 개방형 비즈니스 모델을 만들 수 있느냐에 따라 그 성패가 좌우된다는 점이다. 오픈 이노베이션 중개서비스를 이용하는 수요기업이 대기업, 그것도 R&D 투자를 많이 하는 글로벌 기업이라는 점도 그 정도 역량이 있어야 자체적으로 오픈 이노베이션을 이용한 비즈니스 모델을 그릴 수 있기 때문이다.

정책적 지원 측면에서는 현재는 불모지인 중소기업을 위한 오픈 이노베이션 시스템의 설계 대안을 검토해 볼 필요가 있다. 오픈 이노베이션의 확산은 기술력이 우수한 중견·벤처기업에겐 자사의 기술을 제3의 수요자에게 판매하여 수익을 올릴 수 있는 좋은 기회를 제공해 준다. 문제는 중소기업도 기술의 수혜자로서의 혜택을 볼 수 있는가에 대한 점이다. 일반적으로 중소기업이 내부의 역량만으로 새로운 비즈니스 모델을 만드는 것은 쉽지 않다. 따라서 지금과 같은 추세가 계속된다면 오픈 이노베이션에 있어서도 중소기업은 그 혜택을 충분히 볼 수 없을 가능성이 크다. 이 같은 현안 이슈를 해소하기 위해서는 새로운 기술 중개조직이 중소기업에 필요한 비즈니스 모델도 자문해 주고 그에 필요한 기술도 찾아 주는 컨

21세기 생존전략 4차 산업혁명

설팅 형식의 지원이 필요하다. 오픈 이노베이션의 성공률이 높다는 점을 고려할 때 향후 중소기업 기술지원 정책은 오픈 이노베이션의 원리를 적용한 지원방안에서 그 대안을 찾아볼 필요가 있다.

3.3. 오픈 비즈니스 모델

3.3.1. 개요

앞에서 "비즈니스 모델"이라는 용어가 자주 등장하는 것을 볼 수 있다. 체스브로우(Chesbrough) 교수는 이 사례뿐 아니라 그의 연구 곳곳에서 비즈니스 모델의 중요성을 반복해서 강조하였다. 그에 따르면 오픈 이노베이션 과정에서 기술 원천의 내부/외부 여부는 중요하지 않고, 어떤 비즈니스 모델을 가지느냐가 성공의 관건인 것이다. 우리 기업에게 수익을 줄 수 있는 좋은 비즈니스 모델이 있다면 그 안에 사용될 기술의 출처 문제는 부차적이며, 외부의 아이디어도 얼마든지 활용할 수 있고 활용해야 한다. 그 역으로 만일 우리가 가진 기술에 대해 우리 기업이 적합한 비즈니스 모델을 가지고 있지 못하다면, 그냥 사장시킬 것이 아니라 더 적합한 비즈니스 모델을 찾아 분사시키거나 타 기업에 라이선스해야 한다. 제품 출시 시기와 관련해서도 가장 먼저 시장에 진출하는 것이 경쟁력의

III. 오픈 이노베이션의 발전

핵심은 아니다. 시기와 관계없이 더 좋은 비즈니스 모델을 지닌 기업이 시장에서 승리한다. 이렇게 비즈니스 모델은 기술의 사업화에 있어 결정적인 중요성을 지닌다. 따라서 기술의 가치를 평가하는 문제도 비즈니스 모델과 분리해서 생각할 수 없다. 기술의 시장 가치는 그 기술 자체로는 결정되기 어렵고 비즈니스 모델과 결합되어야 그 가치를 확인할 수 있다. 동일한 기술이라도 비즈니스 모델에 따라 산출되는 수익이 크게 달라질 수 있기 때문이다. 그러므로 비즈니스 모델이 제시되지 않은 상태에서 순수하게 기술만의 가치를 평가한다는 것은 의미가 없다.[18]

비즈니스 모델이란 무엇인가? 사전적으로 비즈니스 모델은 '기업 또는 조직이 어떠한 제품이나 서비스를 고객에게 어떻게 편리하게 제공하고, 마케팅하여 수익을 창출할 것인지에 대한 아이디어나 계획'으로 정의하고 있다. 반면 Osterwalder et al.(2005)는 '경쟁업체와 차별되는 가치를 창출하여 고객 자체에 집중함으로써 회사나 조직과 연관된 모든 이해관계자와 고객을 위해 어떻게 가치를 창출하고 어떤 성과를 낼 수 있을지에 대한 방안을 수립하여 모아 놓은 것이며, 경영에 가장 핵심이 되는 체계적인 사고를 반영하는 것'으로 정의하고 있다.[19]

---

18) 김석관, "Chesbrough의 개방형 혁신 이론", 과학기술정책 SepOct, STEPI, 2008.10, 15~23page
19) 이정구, 21세기 기술가치평가, 책과나무, 2015.9, 13~21page

1988년에 Timmers는 비즈니스 모델을 '비즈니스와 관련된 모든 이해관계자들과 그들의 역할을 포함하는 제품, 서비스, 정보 흐름의 구조와 이러한 이해관계자들이 얻는 잠재적인 혜택과 수익 원천'으로 정의하였다. 2000년에 Hamel는 '비즈니스 개념은 새로운 고객 가치로 이어지고 산업의 규칙을 변화할 수 있는 근본적인 혁신'이라 정의하였다. 그리고 Mahadevan는 '구매자와 파트너에 대한 가치 및 수익의 흐름, 공급망의 논리적 흐름 등을 합한 개념'이라고 정의하였다.

2001년 Amit and Zott은 '비즈니스 기회의 개발을 통하여 가치를 창출하도록 설계된 내용 및 구조와 거래의 체제', '가치 창출을 위해 마련한 거래의 내용, 구조, 지배를 묘사한 것'으로 정의를 확대하였다. 그리고 주재훈은 비즈니스 목표와 가치 창출을 위한 구성요소와 이들 간의 관계를 요약한 템플릿 또는 시스템'으로 정의하였다. 2002년 Magretta는 '어떻게 기업이 일하는지를 설명하는 하나의 스토리'라 정의하면서 '누가 고객이고, 고객 가치는 무엇이며, 어떻게 경쟁자들을 상대하고 그들만의 차별화를 창출해 내는가 하는 것을 전략적으로 기술한 비즈니스에 관한 스토리'라고 그 의미를 확대하였다.

2003년 Rappa는 '기업이 지속 가능성을 높일 수 있는 비즈니스 방법과 기업 또는 조직이 어떻게 수익을 창출하는지, 또한 가치사슬 단계에서 어디에 해당하는지에 관한 사항을 명확히 밝히는 것'

III. 오픈 이노베이션의 발전

이라 정의하였다. 2005년 Morris et al.는 '비즈니스 모델이란 기업 또는 조직이 지속 가능한 경쟁우위를 만들어 내기 위하여 어떻게 내부적인 전략, 외부적 관계, 경제성 등을 밀접하게 연결하여 의사결정을 내리는지에 관한 간결한 표현'이라 정의하였다. 그리고 Shafer et al는 '중요한 논리를 분명히 제시함으로써, 가치체계 내에서 가치를 창출해 내고 포착하기 위한 전략적 선택'이라고 정의하였다.

2007년 이동현은 '사업에 관한 기본적인 계획으로, 일반적으로 어떤 상품을 어떤 고객에게 어떤 방식으로 제공할 것인가를 결정하는 것'이라 정의하였다. 2008년 Johnson et al.은 '가치 네트워크 안에서 가치를 창출하고 포착하기 위한 핵심 로직의 선택을 묘사한 것'이라고 정의하였다. 2010년 Casadesus-Masanell and Ricart는 '기업이 실현한 전략의 반영'으로, Teece는 '고객에 대한 가치제안, 경제적으로 유리한 수익 및 비용구조 간의 논리적이고 객관적인 연계'라고 정의하였다.

2011년 Amit and Zotts는 '비즈니스 기회를 이용한 가치를 만들어 내기 위해 거래, 구조, 관리에 대하여 창의적으로 고안한 것'이라고 수정하였고, 김혜영은 '고객 및 비즈니스 참여자들을 중심으로 한 비즈니스 프로세스 및 전략, 개념을 포함하는 비즈니스 프레임워크'로 정의하였다.

결국, 비즈니스 모델이라는 것은 비즈니스의 대상이 되는 고객에게 어떤 상품 또는 서비스를 어떻게 제공할 것이고, 어떻게 마케팅하여 기업 및 조직이 수익을 창출하면서 지속 가능성을 높일 수 있을 것인가를 표현한 분석틀이라고 할 수 있다. 최근의 경영환경은 상품에 집중하기보다는 고객 중심의 가치 창출에 초점을 두고 있어, 비즈니스 모델 또한 고객에게 어떻게 하면 더욱 차별화된 가치를 제안할 수 있을지에 초점을 두고 있다.

함유근 등(2012)은 "고객 중심 경영에서는 기업이 다양한 이해관계자와 공동으로 지속적인 가치 및 이익 창출에 더욱 중점을 두어야 한다. 이를 위해 기업이 내부 자원뿐 아니라 외부 자원(고객, 공급자, 제3자 등 외부 경제 주체들)과 연계하여 가치 및 수익 창출이 가능한 형태로 사업의 설계도인 비즈니스 모델을 디자인하는 역량이 점차 중요해지고 있다."고 하면서, 고객중심의 비즈니스모델 설계 필요성을 주장하였다.

Osterwalder and Pigneur(2011)는 비즈니스 모델의 구성요소를 9가지로 구분하여 제시하였다. 이들은 고객, 고객제안, 하부구조, 재무적 실현성 등의 4개 영역을 고객 세그먼트, 가치제안, 유통 채널, 고객관계, 수익의 흐름, 핵심자원, 핵심활동, 핵심 파트너십, 비용구조 등의 9개 영역으로 구성된 '9 블록'을 제시한 것이다.

체스브로우(Chesbrough) 교수는 Rosenbloom과의 공동연구에서 비즈니스 모델을 다음과 같이 여섯 가지 기능을 하는 것으로 정의하였다.

(1) 가치 제안(value proposition): 기업이 제공하는 제품이 소비자에게 창출해 주는 가치를 규정한다.

(2) 목표 시장(market segment): 기업이 제공하는 제품을 유용하게 사용할 소비자들이 누구인지를 규정한다.

(3) 가치 사슬(value chain): 기업이 제품을 만들고 판매하기 위해 구축해야 하는 가치 사슬의 구조를 정의하고, 그 가치 사슬 내에서 기업이 기능하기 위해 필요한 보완적 자산들을 규정한다. 가치 사슬에는 기업의 공급자와 고객이 포함되며 원자재부터 최종 사용자까지를 모두 포괄한다.

(4) 비용/편익 구조(cost/profit structure): 기업이 매출을 창출하기 위한 절차를 규정하고, 주어진 가치 제안과 가치 사슬 구조 하에서 제품의 생산에 소요되는 비용과 예상 수익의 구조를 추정한다.

(5) 가치 네트워크(value network): 공급자, 소비자, 경쟁자 등으로 이루어진 가치 네트워크 혹은 '생태계' 내에서 기업의 위치를 정해 준다.

(6) 경쟁 전략(competitive strategy): 혁신 기업이 경쟁자들에 대해 우위를 확보하기 위한 경쟁 전략을 포함한다.

이러한 비즈니스 모델의 기능을 간략하게 두 가지로 요약하면,

기업이 제품을 통해 가치를 창출하는 방식과, 그 창출된 가치 중에서 자사의 몫을 전유하는 방식을 규정하는 것이라고 볼 수 있다. 즉, 기업이 부가가치를 창출할 뿐 아니라 그 창출된 가치 중 일부를 해당 기업의 몫으로 가져가는 방법까지 제시해야 완벽한 비즈니스 모델이다. 두 번째 기능이 중요한 것은 보통 기업들은 여러 공급자 및 사용자 기업들로 이루어진 가치 사슬 속에 한 주체로 참여하여 이들과 함께 부가가치를 창출하기 때문이다.

3.3.2. 오픈 비즈니스 모델

◆ 진화의 6단계

체스브로우(Chesbrough) 교수가 2003년 오픈 이노베이션을 처음 주창할 때는 주로 R&D 과정에 초점을 두었다면, 2006년의 오픈 비즈니스 모델에서는 논의를 더 확장해서 R&D 과정, IP 관리, 비즈니스 모델을 연계하는 통합적인 모델을 제시하고 있다. 2003년의 연구에서도 기술 사업화에서 차지하는 비즈니스 모델의 중요성을 강조하였지만, 2006년 연구에서는 그 논의를 더욱 발전시켜서 R&D 과정과 IP 관리를 모두 포함하는 전체 비즈니스 모델 차원에서의 개방성을 다루었다.

[표 3-6] 비즈니스 모델 진화의 6단계

종류	비즈니스모델	앞 모델과의 차이
Type 1	Undifferentiated	– 혁신 활동 없고, 범용 제품을 저렴한 가격에 판매
Type 2	Differentiated	– 시장 경쟁: 혁신이나 BM을 통해 시장 차별화 확보 – 혁신 활동: 혁신적 기술 개발이 있으나 일시적 – 혁신 조직: CEO가 직접 혁신 활동 주도 – IP 관리: IP가 생산되나 외부 전문가의 도움으로 관리 – 한계: 혁신이 일회적 놀라움에 그치고 계획적/ 조직적이지 못함

Type 3	Segmented	– 시장 경쟁: 지배적 디자인 경쟁에서 승리, 시장을 분할
		– 혁신 활동: 혁신이 계획적인 조직 과정으로 발전,
		  제품 로드맵에 따라 주기적인 제품 개발 추진
		– 혁신 조직: R&D 전담 조직 설치, 다른 부서도 혁신에
		  일부 참여
		– IP 관리: 기업 내에 IP 업무를 책임지는 인력을 두고
		  관리
		– 한계: 혁신을 기술/제품에 국한, BM에 무관심

Type 4	Externally Aware	– 시장 경쟁: 기존 기술로 인접 시장이나 신시장
		  진출(TLC 성숙기)
		– 혁신 활동: 외부 아이디어 도입/활용, 자사 기술의
		  외부 라이선스
		– 혁신 조직: 혁신 과정에 마케팅, 재무도 동등한
		  비중으로 참여
		– IP 관리: 재무 목표를 지닌 전담 조직에서 기업
		  자산으로 관리
		– 가치 사슬: 공급자/고객과 제품 로드맵 공유
		– 한계: 현재의 BM에만 관심, BM 변화에 대한 대응력
		  취약

Type 5	Integrated (with business model)	– 시장 경쟁: 공급자/고객과의 BM 공유를 통해 시장
		  지배력 강화
		– 혁신 활동: 내부 및 외부 R&D 활동을 기업의 BM을
		  통해 통합
		– 혁신 조직: 고급 관리자 주도하는 사업 개발 활동,
		  R&D/재무/마케팅의 다기능 팀이 BM 개발
		– IP 관리: IP 전담 profit center에서 재무 자산으로 관리
		– 가치 사슬: 공급자/고객과의 혁신 활동 상호 참여가
		  제도화

Type 6	Adaptive (Platform player shapes markets)	- 시장 경쟁: BM통합으로 시장 지배, 새로운 BM으로 신시장 개척 - 혁신 활동: BM 자체를 혁신, 다양한 BM의 실험 - 혁신 조직: 혁신 및 IP 관리는 모든 사업부서에 체화됨 - IP 관리: 전략적 자산, IP를 통해 신사업 진출과 기존 사업 정리 - 가치 사슬: 공급자/고객과 BM을 통합, 신 BM 실험도 함께 추진, 혁신 과정에서 외부 파트너도 기술적/재정적 위험/보상을 공유

체스브로우(Chesbrough) 교수는 오픈 이노베이션의 경우와 달리 오픈 비즈니스 모델의 의미나 특성 등을 명시적으로 정의하지는 않았다. 대신 R&D 조직의 혁신 활동, IP 관리, 비즈니스 모델의 특징 및 이들 사이의 연계 정도에 따라 기업의 비즈니스 모델을 여섯 단계로 구분하고, 각 모델들이 앞의 모델과 차별화되는 점을 비교함으로써 간접적으로 오픈 비즈니스 모델의 특징을 설명하려고 하였다. [표 3-6]에 그가 제시한 6단계의 비즈니스 모델이 요약되어 있는데, 4단계부터 오픈 비즈니스 모델에 속한다고 볼 수 있다.

○ 유형1 : Undifferentiated

첫 번째 유형은 다른 기업과 차별된 특성이나 전략이 없는 비즈니스 모델이다. 이 유형의 기업들은 주로 어디서나 구할 수 있는 범용 제품을 저렴한 가격에 판매한다. 이들은 다른 기업의 제품이나 서비스를 모방할 뿐 직접 혁신을 주도하는 경우는 거의 없으며, 그에 따라 새로운 IP를 산출하지도 못하고, 가격과 접근 용이성 외에는 이렇다 할 경쟁력 요소가 없다. 이 비즈니스 모델의 유일한 장점은 저비용 구조라서 창업이 매우 쉽다는 것이다. 그러나 자체의 혁신 역량이나 차별화된 경쟁력이 없기 때문에 외부 투자를 얻기가 어렵고 외연을 확대하기도 힘들 뿐 아니라, 산업 내에 새로운 혁신이 들어올 때는 쉽게 도태되는 것이 일반적이다. 한마디로 이 유형은 자신의 운명을 자신이 결정할 능력이 없다.

여기에 속하는 기업의 예로는 가족형 음식점, 지역 서점, 카페, 이발소 등 서비스 업종에서 신규 창업되는 점포들을 들 수 있으며, 범용 제품을 생산/판매하는 반도체 회사, 제약산업의 연구용역회사(CRO : Contract Research Organization)와 제네릭 약품 제조회사, 가수나 배우를 찾는 수많은 엔터테인먼트 회사들도 여기에 포함된다.

○ 유형2 : Differentiated
두 번째 유형은 제품 및 서비스에서 약간의 차별화를 통해 첫 번째 유형의 기업들에 대해 경쟁 우위를 가진 비즈니스 모델이다. 이 유형에서는 혁신 활동이 이루어지고 IP도 산출되며 이를 통해 얻어진 경쟁력과 차별성을 토대로 일정 기간 높은 수익을 창출하기도 한다. 그러나 혁신 활동은 일시적이고 임기응변적일뿐 조직적이거나 계획적이지 못하고 투자도 충분하지 않으며, IP도 상시적 관리가 필요할 만큼 많지 않아서 그때그때 외부 전문가의 도움을 받는 정도에 머문다. 이들은 혁신 활동이 한 때 얻어진 차별적 지위를 유지할 만큼 지속적이지 못하기 때문에 보통은 한 세대의 기술 사이클을 넘기지 못하고 도태되기 쉽다.

여기에 속하는 예로는 기술 기반의 창업 기업과 개인 발명가가 대표적이다. 이들의 공통점은 혁신적인 아이디어나 기술로 산업에 진입해서 큰 성과를 거두기도 하지만, 혁신이 연속성이 없고 일회적 놀라움(one-hit wonders)에 머무는 경우가 많다는 점이다. hard disk drive의 제품 세대가 바뀔 때마다 수없이 명멸했던 벤처기업들, 대학에서 spin-off된 바이오벤처들, 단일 제품의 반도체 기업들이 이러한 범주에 속한다.

○ 유형3 : Segmented
세 번째 유형은 시장을 분할하여 여러 시장 영역(예: 중저가 스마트폰, 프리미엄폰 등)에서 경쟁하며, 제품 개발 프로젝트의 주기적인 실행을 통해 지속적인 성장이 가능해진 비즈니스 모델이다. 두 번째 유형이 성장을 지속하지 못하고 일회적 놀라움에 그친 반면 세 번째 유형은 지배적 디자인(dominant design) 경쟁에서 승리하여 시장 분할과 혁신 활동의 지속을 위한 자원을 확보한 기업들이다. 이 유형의 가장 큰 특징은 안정적 수익을 토대로 계획적이고 조직적인 혁신 활동을 수행한다는 점이다. R&D를 위한 전담 조직이 있고 보통 1~3년 앞을 내다보는 제품 로드맵에 따라 계획적이고 지속적인 투자가 이루어진다. 이로 인해 IP가 지속적으로 산출되고, IP 관리는 기업 내 상시 조직이 담당하며, 자사 특허의 전략적 구성을 위한 특허 지도 분석 작업도 시도된다. 조직적으로는 혁신 활동이

R&D 부서의 주도로 마케팅 부서, 구매 부서 등이 함께 참여하는 다기능 협력 활동으로 발전한다.

그러나 이 유형도 한계를 갖는다. 이 유형은 혁신을 제품이나 기술의 시각으로만 바라볼 뿐 혁신 활동을 비즈니스 모델과 잘 연계하지 못한다. 이 때문에 현재의 사업 영역과 시장 범위 내의 기회들은 잘 포착하지만, 그 경계를 벗어나는 영역에는 무관심하다. 그결과 새로운 비즈니스 모델이 필요한 신기술에는 잘 대응하지 못하고, 비즈니스 모델의 변화를 요청하는 기술 환경의 급격한 변화에도 잘 적응하지 못하여 도태되는 경향이 있다.

이 유형에 속하는 기업들은 신기술 창업 기업에서 출발하여 지배적 디자인 경쟁에서 승리한 후 추가적인 제품 및 공정 혁신을 통해좋은 기술과 제품들을 보유하고 안정적인 성장을 구가한 기업들이다. 산업화 시대에 명성을 쌓은 제조업체들이 대부분 여기에 포함된다고 볼 수 있다.

○ 유형4 : Externally Aware
네 번째 유형은 조직화된 혁신 활동에 더하여 외부 아이디어와 기술에 눈을 돌려 개방을 시작하는 유형으로, 개방형 비즈니스 모델의 첫 단계이다. 이 비즈니스 모델에서는 외부 기술을 도입하여 비용을 절감하고 시장 진출 시간을 단축하며 위험을 파트너와 공유한다. 또한 기존 기술로 인접 시장에 진출하여 새로운 성장 동력을

21세기 생존전략 4차 산업혁명

찾고 자사 기술을 타사에 제공하여 신시장에 적용하기도 하는데, 이렇게 기존 기술을 다른 시장에 적용하는 시도는 기술수명 주기의 성숙기에 특히 적합하다. 자사의 로드맵을 공급자 및 고객 기업과 공유하여 혁신 활동을 외부 파트너와 조율하고, 기술자문위원회를 통해 대학 출연연 등 공공부문과의 교류를 적극적으로 추진하는 것도 개방된 자세를 보여 주는 한 단면이다. 조직적으로는 마케팅, 재무 등 다른 부서에서도 R&D 부서와 동등하게 혁신 활동에 참여한다.

IP가 하나의 기업 자산으로 인식되고, IP 관리는 자체의 재무적/조직적 목표를 지닌 별도의 사업 기능으로 발전한다. 특허 지도 분석이 상시화되고 IP의 구매/판매도 많아진다. 그러나 이 유형의 한계는 혁신에 대한 시각이 제품/공정/기술에서 비즈니스로 이동되기는 하지만, 여전히 현재의 사업 영역과 그 주변부에 관심이 고착되어 있어서 타 분야에서 일어난 혁신이 자사의 시장으로까지 확산해 올 때에는 그것을 잘 방어하지 못한다는 것이다.

이 유형에는 기업 R&D 기능이 확립되고 외부와의 협력에 적극적인 많은 제조업체들이 포함된다. 바이오벤처나 대학 spin-off 기업들과 적극적으로 협력하는 제약회사들, 이와 비슷한 궤적을 보이는 식품 회사들, 고객 및 시장과의 소통을 보다 체계화하려는 금융기관들을 예로 들 수 있다.

○ 유형5 : Integrated

다섯 번째 유형은 혁신 활동이 비즈니스 모델과 잘 결합되는 단계로, 여기서 비즈니스 모델은 R&D를 비롯한 기업 내 여러 부서의 기능을 통합하는 중심 역할을 한다. 이 유형의 기업들은 혁신 활동을 통해 내부 R&D와 외부 R&D를 통합하여 새로운 시스템이나 아키텍처를 창출해 내는데, 이때 비즈니스 모델은 연계와 조정의 플랫폼 역할을 한다. 조직적으로는 혁신 활동이 고급 관리자가 주도하는 사업 개발 활동이 되어 기술, 마케팅, 재무 부서가 다기능 팀을 구성하여 비즈니스 모델을 개발하고 관리한다. 이 과정에서 고객과 시장의 변화가 기술적 변화만큼이나 중요하게 취급된다. IP는 수익을 창출하는 재무적 자산으로 간주되고 IP 관리부서는 별도의 profit center로 기능하여 분기별 수익 목표를 세우고 기업의 IP 포트폴리오 관리와 수익 극대화를 위해 IP 구매 및 판매를 적극적으로 추진한다.

비즈니스 모델은 외부 협력 네트워크의 구축에도 중요한 역할을 한다. 앞 모델에서 기업의 제품 로드맵을 협력 업체와 공유하는 정도였다면, 여기서는 공급자 및 고객 기업과의 혁신 과정 교류가 제도화된다. 우리 기업의 직원이 공급자 기업의 기술자문위원회 위원으로 참여한다든지, 고객 기업이 미래 니즈를 알려 주기 위해 제품 로드맵을 정기적으로 우리 기업에 보고하는 등 여러 수준의 조직적 연계가 이루어진다. 또한 공급 및 고객 기업의 비즈니스 모델을 분석하여 우리 기업과 불일치가 있을 경우 그것을 해소하고 일치시키려고 노력한다. 이러한 과정을 통해 강력한 파트너십을 구축함으로써 시장 지배력을 확대하고 새로운 시장 기회에 대해 투자와 위험을 공유한다.

이 유형에는 외부 기술을 흡수하여 그것을 토대로 비즈니스 모델을 구축하는 데 적극적인 기업들이 포함된다. 자신을 혁신의 좋은 협력 파트너로 알리기 위해 노력하는 기업들은 그 대표적 사례이다. IT 서비스 분야에서 고객 기업의 IT 솔루션 제공에 적임자임을 자부하는 IBM Global Services, 유망 후보물질을 지닌 바이오벤처들과의 협력을 위한 공식적 프로그램을 갖고 있는 Eli Lilly 등이 대표적이고, 그 외에 장난감 기업 빅아이디어그룹(Big Idea Group), 소비재 기업 P&G, Kraft 등도 여기에 포함된다.

○ 유형6 : Adaptive
여섯 번째 유형에서는 비즈니스 모델의 개방성과 유연성이 더 확대되어 비즈니스 모델 자체의 혁신이 시도되고, IP는 기업의 전략적 자산으로 활용되며, 가치사슬 상의 협력 업체들과는 비즈니스 모델의 결합을 통해 더욱 긴밀한 관계를 구축한다. 이 유형 기업의 가장 중요한 특징은 혁신 활동이 비즈니스 모델과 잘 통합될 뿐 아니라 그 비즈니스 모델 자체를 혁신하는 역량을 가지고 있다는 것이다. 이들은 자원과 경영 역량을 투입하여 새로운 비즈니스 모델을 발굴하고 실험하는 노력을 기울인다. 그 방식으로 corporate venture capital, spin-off, joint venture, internal incubator 등을 들 수 있다. 이러한 시도를 통해 기술 사업화의 다양한 경로를 개척하고 신사업 기회를 발굴하며 기업의 새로운 성장 엔진을 찾기도 한다. IP는 단순한 재무적 자산을 넘어 기업의 전략 실행에 수단이 되는 전략적 자산 역할을 한다. 그러한 예로는 특허 지도 분석을 통해 신사업 기회를 모색하고, 새로운 IP로 신사업에 진출하거나 IP를 일괄 매각하면서 기존 사업을 정리하며, 가치사슬 상의 기업과 IP를 공유하여 관계를 강화하거나 표준을 설정하는 것 등을 들 수 있다. 기업들은 IP의 전략적 활용을 위해 IP 거래시장이나 중개조직과 상시적이고 긴밀한 관계를 유지한다.

이 단계에서는 가치사슬 상의 공급자 및 고객 기업과 비즈니스 모델을 연계하려는 노력이 강화되어 협력 업체들의 비즈니스 모델이 통합되고 새로운 비즈니스 모델에 대한 실험도 함께 추진된다. PC 회사인 Dell과 CPU 회사인 Intel의 관계가 그 좋은 예이다. Dell은 Intel과 긴밀하게 협력하여 미래 기술 방향을 설정하며 새로운 Intel 칩을 가장 먼저 채택함으로써 초기 test bed 역할을 해 준다. 그리고 현장에서의 모든 오류 데이터를 Intel과 공유한다. 중심 기업의 기술이 협력 업체의 혁신을 위한 플랫폼 역할을 함으로써 협력 업체들 사이의 비즈니스 모델 통합이 이루어지기도 한다. Apple의 iPod 사례가 그 좋은 예이다. iPod이 시장에서 성공을 거둔 이후, 이 제품에 건강이나 금융 정보 등 음악 이외의 콘텐츠를 올리는 시도들이 많아졌다. Apple은 이러한 보완재들을 자사의 플랫폼에 추가하는 것을 용인함으로써 자사의 노력없이 더 큰 수익

21세기 생존전략 4차 산업혁명

을 올릴 수 있다. 이 밖에 이 유형에 속하는 예로는 특허의 무상 기증 등 IP의 전략적 활용에 뛰어난 IBM과, 외부 기술을 가지고 자사의 브랜드를 만들거나 자사 기술을 타 기업 브랜드를 위해 양도하는 등 유연한 비즈니스 모델 개발 체제를 가지고 있는 P&G 등을 들 수 있다.

3.4. EU의 오픈 이노베이션 2.0 전략

3.4.1. 개요

오늘날 혁신은 세계적 화두이다. 기술의 혁신은 제2차 세계대전 이후 미국 GDP 성장의 75%를 설명할 정도로 성장의 핵심 동력이고, 전 세계의 수많은 국가와 기업들이 혁신을 이루기 위해 많은 노력을 기울이고 있다. 그런데 이러한 혁신의 패러다임은 우리를 둘러싼 환경 변화에 따라 진화하고 있다.[20]

과거에는 특정 기업이나, 연구조직 내에서 전문 인력들이 이끌어

---

20) 김희연, "EU의 오픈 이노베이션 2.0 전략: 추진현황과 시사점", 정보통신정책 제27권 11호 통권602호, 정보통신정책연구원, 2015.6.16

가는 폐쇄형 혁신이 주를 이루었으나 2000년대 초반 인터넷의 발전과 융합 현상이 보편화되면서 한 기업의 기술과 능력만으로는 변화된 환경을 따라잡기 힘든 상황이 진행되면서 기업에 필요한 아이디어, 기술, 전략 등을 외부에서 조달하려는 움직임이 시작되었다. 이러한 전반적 사업 및 연구 환경의 변화를 반영하여 체스브로우(Chesbrough)는 2003년 '오픈 이노베이션' 개념을 제안하였다. 이것은 연구, 개발, 상업화에 이르는 기술혁신의 모든 과정에서 기존의 내부의 역량과 R&D활동을 중시하는 '폐쇄형 혁신'에서 벗어나 대학이나, 타 기업, 연구소 등 외부의 기술이나 지식, 아이디어를 활용하는 '오픈 이노베이션'으로의 변화였고, 이를 통해 혁신의 비용은 줄이고 성공 가능성은 높이며 효율성과 부가가치 창출을 극대화하는 것을 목표로 하였다.

그런데 디지털화의 고도화, 대중협업이 가능해진 환경, 그리고 지속 가능성에 대한 사회경제적 요구는 오픈 이노베이션 전략에서 더 나아가 새로운 기회를 창출할 수 있는 패러다임으로의 전환을 요구해 왔다. EU의 '오픈 이노베이션 2.0' 전략은 이러한 변화된 기술환경과 사회경제적 요구에 부응하는 새로운 패러다임으로 보다 잘 통합된 협업, 공동의 가치 창출, 잘 조성된 생태계, 기하급수적으로 발전하는 기술, 그리고 놀라울 정도로 빠른 수용에 기초하고 있다. 이처럼 이노베이션 패러다임은 내부지향적인 '폐쇄형 이노베이션'에서 조직 외부의 역량을 투입하는 협업에 기초한 '오픈 이노베이션', 그리고 모든 참여자를 고려한 '이노베이션 네트워크

21세기 생존전략 4차 산업혁명

생태계' 패러다임으로 진화하고 있다.

[표 3-8] 이노베이션 패러다임의 진화

폐쇄형 혁신 (Closed Innovation)	오픈 이노베이션 (Open Innovation)	오픈 이노베이션 2.0 (Open Innovation 2.0)
Centralzed inward looking innovation	Externally focused collaborative innovation	Ecosystem centric cross-organizational innovation
종속적	비종속적	상호의존
하도급(subcontracting)	크로스 라이선싱 (cross licensing)	이종교배(cross-fertilization)
단선적 하도급 (Linear subcontracts)	삼중 나선(Triple Helix)	사중나선(Quadruple Helix)
계획	검증, 파일럿	실험
통제형	관리형	조율형
승-패 게임(win-lose)	윈-윈 게임(win-win)	윈모어-윈 게임 (win more-win)
틀 내의 사고	틀을 깨는 사고	틀이 없는 사고
단일체	단일학제	다학제
가치 사슬 (Value chain)	가치 네트워크 (Value network)	가치 무리 (Value constellation)

* 출처 : Salmelin & Curley(2013), Samlelin(2014a)

3.4.2. 오픈 이노베이션 2.0 전략의 핵심

오픈 이노베이션 2.0은 2013년 Curley & Salmelin(2013)에 의해
발표되었는데, 이들은 오픈 이노베이션 2.0을 설명하는 20가지 단
면을 다음과 같이 보여 주고 있다.

[그림 3-11] 오픈 이노베이션 2.0 전략의 단면들

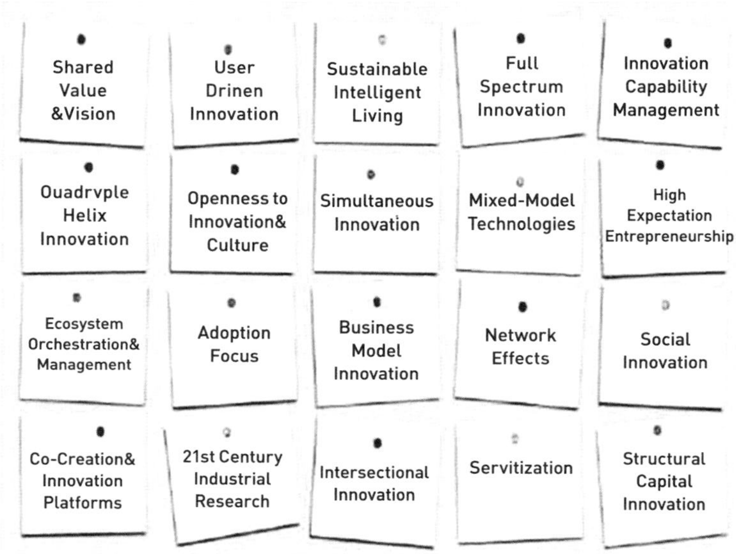

Shared Value &Vision	User Drinen Innovation	Sustainable Intelligent Living	Full Spectrum Innovation	Innovation Capability Management
Ouadrvple Helix Innovation	Openness to Innovation& Culture	Simultaneous Innovation	Mixed-Model Technologies	High Expectation Entrepreneurship
Ecosystem Orchestration& Management	Adoption Focus	Business Model Innovation	Network Effects	Social Innovation
Co-Creation& Innovation Platforms	21st Century Industrial Research	Intersectional Innovation	Servitization	Structural Capital Innovation

* 출처 : Salmelin & Curley(2013)

전략의 핵심은 혁신 네트워크 생태계 조성, 혁신 수용의 중요성,
4중 나선 모델, 참여플랫폼 등이다.

① 혁신 네트워크 생태계 조성

오늘날과 같이 복잡한 세상에서는 연구개발과 실험이라는 것이 고립되어 진행될 수 없기에 협업적 연구는 필수적이다. 따라서 협업을 이루어 낼 수 있는 생태계의 조성 및 관리를 통해 혁신과정이 가속화될 수 있고, 그 결과물 품질도 향상될 수 있을 것으로 기대할 수 있다. 이제 혁신이 이루어지는 공간은 클러스터를 벗어나 다학제적으로 구성되고 있다.

EU의 오픈 이노베이션 전략 및 정책 그룹(OISPG : Open Innovation Strategy and Policy Group)은 다음 [그림 3-12]와 같이 혁신 생태계를 설명하고 있다. 생태계 이론에 기반한 이 프레임워크는 생태계가 유기적이고 다양하며 공생적 특성을 가지며, 여기서 발생하는 시너지는 개별 독립체의 힘으로 얻을 수 있는 것 이상을 제공할 수 있다고 본다. 혁신을 이루어 낼 수 있는 다양한 주체들을 연결시켜 줄 수 있는 혁신 생태계는 사회경제적으로 보다 더 유익하고 의미 있는 결과를 가져올 수 있을 것이다.

III. 오픈 이노베이션의 발전

[그림 3-12] 혁신 생태계(Innovation Ecosystem)

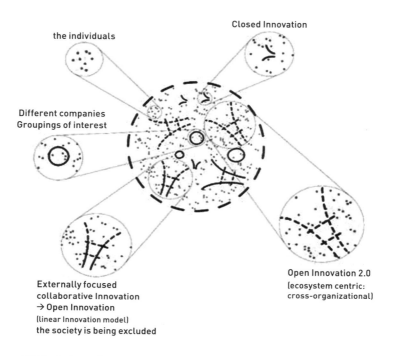

* 출처 : Salmelin(2014b)

② 혁신 수용의 중요성

유럽은 전통적으로 연구결과물에는 강하였지만, 혁신 수용에는
약한 편이었다는 자체적 진단아래 혁신의 수용률을 개선하기 위하
여 노력했다.

일반적으로 혁신의 과정은 아이디어 창출, 아이디어 개발, 그리

고 개발된 컨셉의 확산이라는 3단계로 이루어진다. 그런데 대부분의 혁신은 마지막 확산 또는 수용 단계에서 실패하여 최종적으로는 개발된 아이디어 중 극히 일부만이 수용되는 것으로 나타났다.

이러한 현실 인식은 Shcrange(2004)의 '혁신은 새롭게 고안된 것을 수용하는 일반 사람들에 관한 것(Invention + Adoption = Innovation)이라는 논지'에 주목하게 하였고, 진정한 혁신은 소비자들이 가치를 공동으로 창출하고, 혁신과정의 능동적 주체로 행동할 때 이루어진다는 결론에 도달하게 되었다. 이 과정에서 사용자 경험이 혁신의 새로운 원동력으로 부상하면서, 초기의 오픈 이노베이션에서 더 나아가 다양한 참여자들이 활동할 수 있는 혁신생태계가 얼마나 잘 조성되었는가, 그리고 이 참여자들이 창의적인 제품과 서비스를 얼마나 잘 받아들이느냐로 바뀌었다.

③ 4중 나선 모델(Quadruple Helix Model)

이러한 혁신수용에 대한 새로운 인식, 즉 이용자, 조직, 그리고 사회가 그 가치를 인지하고 받아들일 때 궁극적으로 성공적인 혁신이 이루어진다는 인식은 필연적으로 이용자를 혁신과정에 참여시켜야 한다는 것으로 귀결되었다. 이러한 논리에 따라 오픈 이노베이션 2.0 전략에서는 시민과 이용자가 연구의 대상이 아닌, 혁신이 이루어지는 주체로, 혁신과정의 필수적 주체로 등장하게 된다.

따라서 이전의 삼중 나선 모델(triple helix model)인 정부－학계－산업계 중심의 모델에서 4중 나선 모델(quadruple helix model) 즉, 정부－학계－산업계에 더하여 시민참여자들이 함께 일하고, 한 개인이나 조직이 할 수 있는 것 이상의 구조적 변화를 추동함으로써 미래를 함께 창조하는 것으로 변화하게 된다.

기존의 3중 나선형의 탑다운 식의 모델은 이제 이용자들이 적극적인 역할을 하며, 모든 혁신 단계에서 초기의 아이디어 관념화부터 문제 해결에 이르기까지 함께 창조하는 4중 나선 혁신모델로 대체되고 있다. 이 모델은 이용자 중심의 혁신 모델을 의미한다.

[그림 3-13] 4중 나선 모델(Quadruple Helix Model)

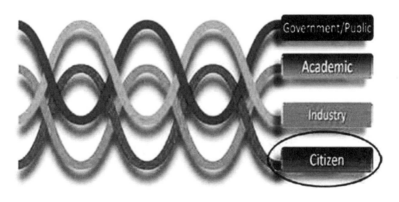

* 출처 : Curley(2014)

이용자가 추동하는 혁신은 매우 중요한데, 통상적으로 혁신의 과정에서 문제의 해결과 관련된 전문가들의 아이디어를 실행하는 것은 이들이 해당 분야에서의 과거 경험에 의존하여 아이디어를 내기에 안전하지만 매우 보수적인 경향이 있기 때문이다. 그러나 보다 새롭고 가치 있는 아이디어는 아래 그림에서 볼 수 있는 바와 같이 수많은 대중의 의견 속에서 더 많이 발견된다.

[그림 3-14] 대중에 의한 가치 있는 아이디어 발굴

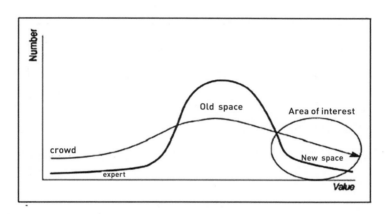

* 출처 : Salmelin(2015)

④ 참여 플랫폼을 통한 혁신의 실현

그렇다면 어떻게 가치 있는 아이디어를 얻을 수 있을 것인가? 오늘날 우리는 혁신의 한계비용이 zero('0')에 가까워짐에 따라 다양한 아이디어를 참여 플랫폼에서 시도해 볼 수 있게 되면서 실패의 위험은 이전에 비해 그리 크게 느끼지 못하고 있다.

오픈 이노베이션 2.0은 초기의 아이디어 상태에서 빠른 프로토 타입핑(prototyping)을 거쳐 실제 세계에서 테스트하고, 현실화시키기 어려운 것은 빠르게 걸러내는 플랫폼을 구축하고자 한다. 이 기회는 모든 행위자들에게 열려 있고, 이 플랫폼에서의 보상구조는 단지 금전적인 것뿐만 아니라 해당 커뮤니티에서의 인지 등 평판에 기초한 것들까지를 포함한다.

혁신은 오픈 이노베이션에서 네트워크화된 이노베이션으로, 참여적 혁신 모형으로 즉, 산업계, 학계, 정부, 그리고 민간, 개인들을 하나로 모아 혁신을 추구하는 방식으로 진화하였다. 이것은 사회의 모든 행위자 간 광범위한 네트워킹, 그리고 함께 창조하는 협업에 기초한 혁신 모델이며 [그림 3-15]에 나타난 바와 같이 기존의 삼각형 혁신모델이 아닌, 이용자가 추동하는 역삼각형 혁신모델이다.

[그림 3-15] 이용자가 추동하는 혁신 모형으로의 전환

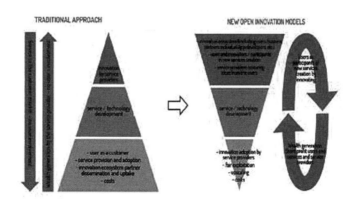

* 출처 : Curley & Salmelin(2014)

3.4.3. 오픈 이노베이션 2.0 추진 사례

오픈 이노베이션 네트워크 모델에서 이용자가 혁신주체로 참여하고 활발한 상호작용이 이루어지는 대표적 사례가 리빙랩(Living Labs)이다.

[그림 3-16] 오픈 이노베이션 플랫폼과 리빙랩

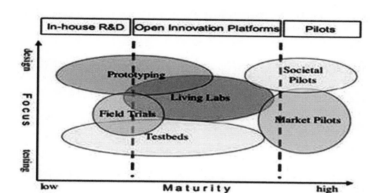

* 출처 : Salmelin(2014b)

① 리빙랩

리빙랩은 혁신과정에서 사용자의 적극적 참여가 이루어지는 사용자 주도의 오픈 이노베이션 생태계를 의미한다. 핵심은 실제 삶의 현장에서 이용자와 생산자가 함께 혁신을 만들어 가는 것에 있다.

생활 속에서 이용자가 설계 및 개발과정에 참여하여 아이디어를 구체화하고, 개발 후에 실용화되는 과정을 단축시켜 혁신활동이 더 빠르게 이루어지도록 한다. 이 과정을 통해 이용자 중심의 제품과 서비스가 만들어진다.

리빙랩과 같은 현실에 기반한 이용자 참여방식의 혁신모델은 1990년대부터 시도되었으나, 이를 개념화한 것은 MIT의 미첼(William J. Mitchell) 교수인 것으로 알려졌다. 그는 IT기술과 센서기술 바탕에서 사용자들이 기술을 대하는 행동을 실시간으로 파악하는 공간으로 리빙랩을 시작하였는데, 여기서 알 수 있듯이 미첼 교수가 시도했던 리빙랩에서는 이용자가 연구개발에 참여하는 객체였으나, 적극적 혁신의 주체는 아니었다.

이용자가 적극적 혁신의 주체로 등장한 것은 2006년 헬싱키 선언에서 유럽의 혁신 역량 제고 의제가 등장하고, 유럽의 19개 리빙랩이 연합하여 유럽 리빙랩 네트워크(ENoLL : European Network of Living Labs)가 결성되면서부터이다. 리빙랩은 ENoLL에 가입된 수만 2015년 6월 기준 370개에 이르고 있으며, 아래의 리빙랩 분포에서도 볼 수 있듯이 대부분이 유럽에 집중되고, 아시아, 남아메리카, 북아메리카, 아프리카 지역 등에도 일부가 위치하고 있다.

[그림 3-17] 리빙랩 분포도

* 출처 : ENoLL 홈페이지(2015. 6. 8 검색)

　유럽 리빙랩 네트워크에서 정의하는 리빙랩은 이용자들과 생산자들이 함께 혁신을 만들어 가는 현실 삶 속의 테스트/실험 환경이다. 리빙랩은 이용자가 주도하는 오픈 이노베이션을 위한 공공-민간-시민 파트너십(PPPP : Public-Private-People Partnership)이다.

[그림 3-18] PPPP 기반의 협력과 상호작용의 확장(예: 도시계획)

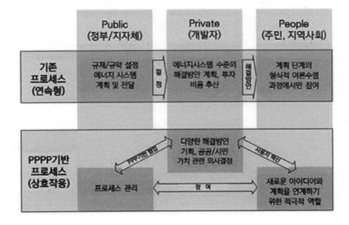

리빙랩은 4가지 주요 행위과정들로 구성되는데, 먼저 이용자와 사용자가 함께 디자인하는 공동창조(Co-Creation)이다. 둘째, 새롭게 생겨나는 이용, 행위, 시장 기회들을 탐색(Exploration)하는 것이다. 셋째, 이용자 커뮤니티내에서 시나리오를 생생하게 수행하는 실험(Experimentation)이다. 넷째, 개념, 제품, 서비스를 사회-인체공학적, 사회-인지적, 사회-경제적 기준에서 평가(Evaluation)하는 것이다. 이 4가지의 활동이 연결되어 리빙랩이 하나의 순환적 흐름을 이룬다.

[그림 3-19] 리빙랩의 주요 행위 과정

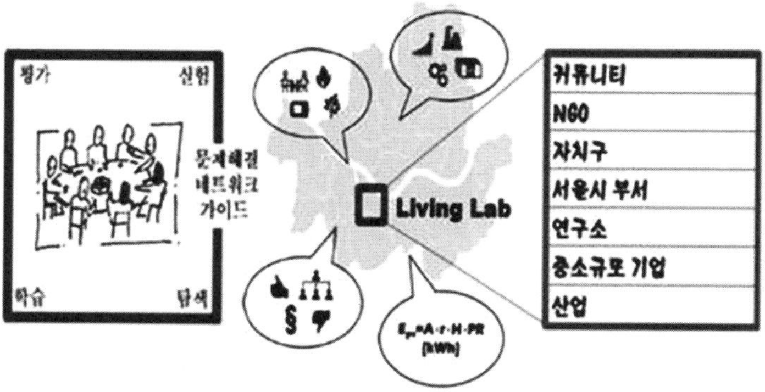

* 출처 : Marc Wolfram(2015)

② 다양한 주체가 이끄는 리빙랩

오픈 이노베이션은 기업의 전략과 외부의 전문가들을 연결시키는 것을 강조한다. 그러나 혁신 생태계를 제대로 포착하기 위해서

는 개인들과 조직들에 걸친 창의적 혁신의 가능성을 보는 것이 중
요하다. 혁신은 기업이나 연구의 범위를 벗어난 곳에서 창출되는
경우가 많은데, 리빙랩들은 새로운 아이디어, 창의성 등이 발현되
기 쉬운 개방적이고 창의적인 학습 플랫폼을 제공한다.

6가지 유형의 랩을 구분하고 이들의 주요 특징과 참여한 지식공
동체, 그리고 정부의 역할을 설명하였다. 이를 요약하면 다음 [표
3-9]와 같다.

[표 3-9] 리빙랩의 유형(주체별)

	지식공동체 구성	목표	정부의 역할	사례
정책 랩 (Policy labs)	공무원, 외부 전문가	공공서비스 전달 개선 및 전반적 조직 변화	주요 고객	MindLab(DK) Policy Lab(UK)
풀뿌리 랩 (Grassroots labs)	관심사가 비슷한 개인 및 집단	워크숍에서의 실험, 내재된 규칙에의 도전	무간섭주의	Jakarta Open Data Lab(ID) Chaos Computer Club(DE)
공동작업 랩 (Coworking labs)	매우 다양한, 변화하는 지식공동체들	작업 및 다학제적 교환을 위한 열린 공간 제공	무간섭주의, 스타트업 시기에 인프라 투자	Fab Lab Berlin(DE) RocketSpace (US)
기업 주도 랩 (Firm-driven labs)	기업의 고용인 및 외부 전문가	기업의 혁신 전략에 활동결과를 제공	무간섭주의	Lego's Future Lab(DK) Bell Labs(US)
학계 주도 랩 (Academic-driven labs)	연구자 및 외부 전문가(기업/이용자)	혁신 프로젝트의 초기 협업 및 일부 스핀 오프	공적 기금 제공	Open Labs(SE) MIT Media Labs(US)
투자자 주도 랩 (Investor-driven labs)	초기 사업가, 투자자, 및 비즈니스 디벨로퍼	글로벌 경쟁시장에서 성공한 스타트업 기업 창출	공적 공동기금 제공	Technology Incubator(IL) EIT ICT Labs(EU)

먼저 정책 랩(Policy labs)은 공공서비스 전달의 개선뿐만 아니라 행정업무 방식과 같은 전반적 조직 변화를 목표로 다양한 업무와 관련하여 투명한 방식으로 자원을 공유하고, 함께 혁신하고 협업하는 기회를 제공한다. 정부가 주요 주체이자 고객이고, 정책의 지속성에 따라 중기에서 장기의 기간 동안 프로젝트를 진행한다.

풀뿌리 랩(Grassroots labs)은 창의적으로 실험하고 협업할 수 있는 환경을 제공한다. 대부분의 필요한 자재와 도구를 제공하는 방식이며, 주요 목적은 창의성을 추동하는 것이다. 이들은 상업적 또는 이윤추구의 목적을 가지지 않으며, 비영리 조합 등과 같이 공동소유권을 가진다.

공동 작업 랩(Co-working labs)은 미디어, 디자인, 소프트웨어 개발 등의 특화된 목적을 가진 이용자들이 쉽게 접근할 수 있도록 업무공간, 장비, 기계와 서비스 등을 제공한다. 풀뿌리 랩과 달리 공동작업 랩은 이익을 추구하는 기업으로 구성된다. 이들은 세미나를 제공하기도 하고, 하이엔드 기계류를 보유하고 있어 새로운 기술에 보다 쉽게 접근할 수 있게 한다. 공동작업 랩을 이용하기 위해서는 비용을 지불해야 하는데, 기본적으로 시간당 정해진 금액을 받을 뿐만 아니라 랩에서 제공하는 컨설팅이나 기타 서비스는 추가 비용을 받는다. 공동작업 랩에서 이루어지는 상호작용과 교환은 우연에 의해서라기보다는 랩 제공자들에 의해 조직화되는 편이다. 공동 작업 랩은 학습과 이용자간 교환의 노드로 역할한다.

기업주도 랩(Firm-driven labs)은 기업이 그들의 오픈 이노베이션 전략을 수행하기 위해 설립하기 때문에 매우 제한적이고 통제된 형태이다. 따라서 이 랩에의 접근은 주도하는 기업의 선택에 따라 달려 있다. 학계 주도 랩(Academic-driven labs)은 더 복잡하고 다학제 간 연구자들에게 열려져 있다. 이들은 시장과 학계의 중간지점에서 연결시켜 주는 역할을 하며 다학제적 전문가들이 사회적 도전과 관련된 특정 프로젝트를 수행하기도 한다.

투자자 주도 랩(Investor-driven labs)은 새로운 비즈니스 아이디어와 비즈니스 모델을 테스트하기 위해 설립된다. 대부분의 투자자 주도 랩은 디지털 경제와 같은 성장 부문에서 발생하며, 기업가, 스타트업, 스타트업 팀들이 이러한 랩의 주요 그룹들이다. 이러한 리빙랩들은 그 유형의 다양성에도 불구하고, 5가지의 공통된 특징을 갖는다.

먼저, 랩은 도구라는 점이다. 각각의 랩은 물리적 공간을 제공하고, 이러한 도구는 이용자의 필요나 아이디어에 따라 사용된다. 둘째, 랩의 개방성은 관리된다. 집합적 창의성과 혁신은 스스로 발생하지 않는다. 랩 공급자들은 랩의 어젠다를 세팅하고, 장비를 선택하고, 특정 서비스를 제공하는 등 그들 시설로의 접근을 전적으로 개방하지 않고 신중하게 조정하고 관리한다. 셋째, 랩은 학습 플랫폼이다. 신중하게 조정된 공간은 더 넓은 범위의 이벤트, 세미나, 워크숍, 해커톤(Hackathon : Hacking 과 Marathon의 합성어), 주제별

경기 등 랩 이용자들이 그들의 아이디어를 개발하고 수행할 수 있는 기회를 제공한다.

넷째, 랩은 창의적 자유(creative freedom)를 제공한다. 랩은 경제적인 것에 제한되지 않고, 그들과 비슷한 관심을 가진 사람들과 전문가들이 만나고 이용할 수 있도록 하여 수요 주도의 혁신을 이루어 낸다. 마지막으로 랩은 임시적으로(temporary basis) 도구, 공간, 기술 인프라, 노하우를 제공하는 조직이다. 랩이 좀 더 장기간의 계획으로 설립되었다 하더라도, 그 주요 자산인 장비, 파트너십, 이용자들은 계속해서 변화한다. 따라서 그 기간은 프로젝트의 지속 기간에 따라 임시적이다.

참고문헌

1. 권기덕, "모바일 빅뱅시대의 비즈니스 모델 진화", SERI 경영
   노트, 2010.2.18.

2. 계나영, "크라우드를 활용한 국내 개방형 혁신사례 연구", 한
   양대대학원 석사학위논문, 2015.2.

3. 김경민, "우리는 나보다 똑똑하다", 이코노미 조선 7월호,
   2015. 7. 3.

4. 김대원, "미래상 전망을 위한 집단지성 활용 가능성 모색",
   HT R&D 리포트 13-05호, 한국보건산업진흥원, 2013.12.

5. 김진만, "집단지성이 기업의 의사결정과 기업가치에 미치는
   영향 연구", 홍익대경영대학원 석사학위논문, 2010.6.

6 김희연, "EU의 오픈 이노베이션 2.0 전략 : 추진현황과 시사
   점", 정보통신정책 제27권 11호 통권602호, 정보통신정책연
   구원, 2015.6.16.

7. 이정구, "21세기 기술가치평가", 책과나무, 2015.9.

8. 이철원, "개방형 혁신활성화를 위한 새로운 기술중개조직의 모색", 과학기술정책 SepOct, STEPI, 2008.10.

9. 안준환, "집단지성 기반 융합형 미래 가치창조 플랫폼 연구", 서울대대학원 박사학위논문, 2015.8.

10. 전영호, "개방형 혁신의 이론과 하이닉스 R&D 혁신사례 분석" 연세대 정경대학원 석사학위논문, 2010.12.

11. 헨리 체스브로우, "오픈 비즈니스 모델", 플래닛, 2009.11.

12. 홍선영, "제품혁신의 숨겨진 원동력 : 집단지성", SERI 경영 노트 제14호, 2009.7.9.

IV. 4차 산업혁명

4.1. 개요

글로벌 산업의 빅뱅이 도래하고 있다. 이른바 4차 산업혁명의 시대가 시작된 것이다. '16년 제46회 다보스포럼(1.20 ~ 23일)의 주제가 4차 산업혁명(Mastering the Fourth Industrial Revolution)이었다. 다보스포럼은 세계경제포럼(WEF)의 클라우스 슈밥(Klaus Schwab) 회장에 의하여 1971년부터 시작된 국제포럼으로서 세계가 직면한 정치·경제·사회적 문제 해결을 위해 각국의 지도자들이 의견을 제시하고 공유하는 국제민간회의기구이다. 2016 다보스포럼에는 140여 개

국가에서 2,500여 명의 주요 인사들이 참석하였다.[21]

그동안 다보스포럼에서는 주로 글로벌 저성장, 지역 간 갈등, 성장과 고용, 불평등, 지속 가능성 등 지속되는 경제위기를 관리하기 위한 전략에 초점을 맞추어 온 반면, 2016년 다보스포럼은 '4차 산업혁명의 이해(Mastering the Fourth Industrial Revolution)'라는 주제로 개최되었다. 4차 산업혁명이 여러 글로벌 경제적 위기상황들을 극복할 수 있는 대안으로 논의할 뿐 아니라, 4차 산업혁명이라는 혁명을 거치면서 발생될 사회구조의 혁명적 변화에 주목하였다는 점에서 큰 의미가 있다.

4.2. 4차 산업혁명

2016 다보스포럼을 맞아 스위스글로벌금융그룹(UBS)에서 4차 산업혁명과 관련된 백서를 내놓았다. 그 이름은 '자동화와 연결성의 극단 : 4차 산업혁명의 국제적 · 지역적 · 투자적 함의(Extreme automation and connectivity: The global, regional, and investment implications of the Fourth Industrial Revolution)'로, 4차산업혁명의 의의와 영향에 대해

---

21) 장필성, "2016 다보스포럼: 다가오는 4차 산업혁명에 대한 우리의 전략은?", 과학기술정책 제211호, 2016.2, 12~15page

　　　　　　　　　　　　　21세기 생존전략 4차 산업혁명

설명하고 있다. 그간의 산업혁명은 기술 및 동력원의 발전을 통해 자동화(Automation)와 연결성(Connectivity)을 발전시켜 온 과정으로 축약될 수 있다.

1차 산업혁명은 기계의 발명으로 인한 자동화의 탄생, 그리고 증기기관의 발명을 통한 국가 내의 연결성 강화를 이루었으며, 2차 산업혁명은 전기 등의 에너지원의 활용과 작업의 표준화를 통해 기업 간/국가 간 노동부문의 연결성을 강화하고, 대량생산체계를 성공적으로 수립하였다.

3차 산업혁명은 전자장치/ICT(Information & Communication Technology)를 통하여 급진적으로 정보처리 능력의 발전을 이루었으며, 이를 바탕으로 정교한 자동화를 이루고 사람·환경·기계를 아우르는 연결성을 강화하였으며, 4차 산업혁명은 인공지능에 의해 자동화와 연결성이 극대화되는 단계로서 오늘날 우리 곁에 모습을 드러내고 있다.

4차 산업혁명은 인간과 기계의 잠재력을 극대화시키는 제반 기술혁신이 그 발전의 속도, 범위, 전체 경제/사회 시스템에 미치는 영향의 측면에서 산업 지형에 큰 변화를 가져올 전망이다. 이러한 전망의 근거로 ① 혁신적 기술의 확장성과 경제성, ② 과학기술 혁신의 가속화, ③ 사회 전반에 영향 미치는 혁신제품/서비스의 지속적인 등장, ④ 벤처캐피털 등 금융시장의 미래에 대한 신호(signal)

등 네 가지 변화를 주목한다.[22]

4차 산업혁명의 용어는 본래 독일 'Industry 4.0 전략'에서 제조업과 정보통신이 융합되는 단계를 의미하였으나 최근에는 인터넷 플랫폼을 기반으로 모든 사물, 공간, 산업, 사람을 지능적으로 연결하고 융합하여 인류의 사회, 경제, 생활방식의 변화시키는 개념으로 점차 확대되고 있다.

국내외 다수의 문헌들은 제4차 산업혁명을 조금씩 다르게 정의하고 있으나, 일관적인 입장은 ICT에 기반을 둔 새로운 산업혁신 시대의 도래에 주목하고 있다. 아래 [표 4-1]은 다양한 4차 산업혁명의 정의이다.

[표 4-1] 4차 산업혁명의 정의

출처	정의
위키피디아 백과사전	제조기술 뿐만 아니라 데이터, 현대사회 전반의 자동화 등을 총칭하는 것으로서 Cyber-Physical System과 IoT, 인터넷 서비스 등의 모든 개념을 포괄함
다보스포럼 자료	디지털 · 물리적 · 생물학적 영역의 경계가 없어지면서 기술이 융합되는 인류가 한 번도 경험하지 못한 새로운 시대
매일경제 용어사전	기업들이 정보통신기술(ICT)을 융합해 작업 경쟁력을 높이는 차세대 산업혁명의 의미

* 출처 : 이상홍, 주요 선진국의 제4차 산업혁명 정책동향, 2016.4., 정보통신기술진흥센터, 6page

---

22) 최계영, "4차 산업혁명 시대의 변화상과 정책시사점", KISDI, Premium Report, 2016.7.29, 3~44page

4차 산업혁명 관련 핵심기술은 [그림 4-1]과 같이 물리학기술, 디지털기술, 생물학기술로 구분할 수 있으며, 물리학기술은 무인운송수단, 3D프린팅, 로봇공학, 신소재 등을 말하며, 디지털기술은 사물인터넷(IoT), 빅데이터, 인공지능 등을 말한다. 생물학기술은 합성생물학 등 유전공학과 스마트의료 등을 말한다.

[그림 4-1] 4차 산업혁명 관련 핵심기술

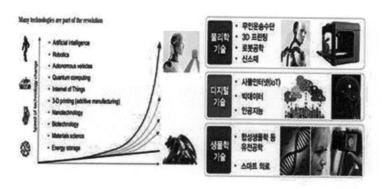

* 출처 : 홍남기, 지능정보사회를 통한 제4차 산업혁명 대응, 2017.2.9., STEPI, 8page

4차 산업혁명은 한마디로 말하면 초지능(Artificial hyper intelligence) 혁명이다. 인류의 산업혁명이 기계혁명(1차) → 에너지혁명(2차) → IT혁명(3차) 형태로 진화되어 왔다면 4차 산업혁명은 키워드가 초연결, 초지능, 대융합이기 때문이다. 4차 산업혁명은 3차 산업혁명에 비해 속도, 범위, 시스템 영향에 있어 완연한 차별성을 나타내게 될 것이다. 초연결과 초지능은 인류가 경험하지 못한 속도로 진화될 것이고 전 산업부문에서 생산/관리/지배구조의 재구성이 불가피하다. 4차 산업혁명의 확장은 필연적으로 새로운 부가가치의 제품과 서비스를 창출하는 반면 전통산업과 사회구조는 해체 수준의 도전에 직면하게 될 것이다. 4차 산업혁명의 주역은 초지능, 초연결, 대융합의 산업생태계를 구성하는 스마트 비즈니스다. 스마트 비즈니스를 구성하는 하드웨어, 소프트웨어의 가치사슬은 자율주행차, O2O(Online to Offline), AI(인공지능) 로봇, 사물인터넷(IoT)이 대표적이다.

[그림 4-2] 산업혁명의 발전단계

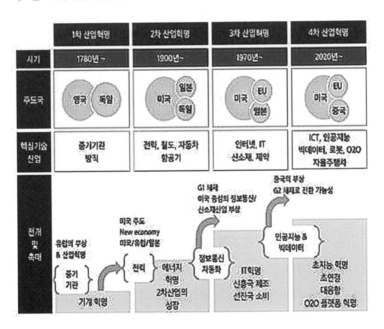

4.3. 4차 산업혁명 매카니즘

앞에서 언급한 바와 같이 4차 산업혁명의 기본 매카니즘은 초연결, 초지능, 대융합이다. 4차 산업혁명 시기의 산업생태계는 만물인터넷이 IoT(Internet of Thing), IoE(Internet of Everything) 등의 수평적연결을 통해 방대한 빅데이터를 생성하고 인공지능(AI)이 빅데이터에 대한 고도의 해석(Deep Learning)을 토대로 적절한 판단과 자율제어를 수행함으로써 초지능적인 제품 생산/서비스 제공을 완성하는것이다.

[그림 4-3] 4차 산업혁명 매커니즘

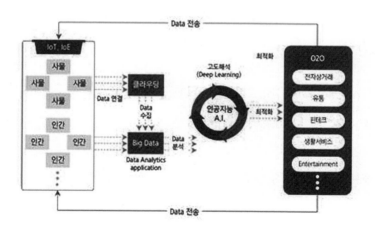

초연결(Extreme connection)은 4차 산업혁명의 근간이다. 3차 산업혁명을 주도했던 IT/인터넷 기술이 진화하여 IoT, IoE를 매개체로 하여 인간과 인간, 인간과 사물, 사물과 사물을 대상으로 극단적인

연결성을 확보해 나갈 것이다. IoE의 개념인 만물(Everything)간 상호작용 시스템이 구축되는 것이다. 산업계에서는 2020년까지 30억 인터넷 플랫폼 가입자와 500억개의 스마트 디바이스가 (IoP → IoT → IoE)에 의해 광범위하게 네트워킹면서 40제타바이트(1 제타베이트 = 1조1,000억 기가바이트)에 달하는 빅데이터가 형성될 것으로 예상하고 있다.

4.4. 4차 산업혁명이 가져올 변화

4차 산업혁명이 가져올 변화 중 가장 특이한 것은 무엇보다도 수확체증과 네트워크 경제의 잠재력 발현이다. 이는 사람, 기계, 지능, 데이터, 서비스가 상호 연결되는 초연결 환경이 그 기반이 된다. 요즘 주목받고 있는 인공지능의 경우만 하더라도, 서로 '연결된 지능'으로 누구에게나 접근 가능할 때 그 잠재력이 극대화될 수 있기 때문이다. 4차 산업혁명은 개인, 기업, 정부 등 주요 경제 주체에도 큰 변화를 가져올 것인바, 주요 경제 주체간 변화상은 다음과 같다.

개인의 경우, ① 고용 및 일의 성격 변화, ② 소득분배, ③ 고용형태, ④ 소비자 효용의 비약적 증대 등이 주요 변화이다. 기업/시장의 경우, ① 알고리즘이 경쟁력의 핵심으로 부상, ② 전산업의 플랫폼화, ③ 기업 간 경쟁에서 플랫폼간 경쟁으로의 전환, ④ 제품의 서비스화 및 전문직 서비스의 보편화, ⑤ 기업구조 및 의사결정과정의 변화, ⑥ 적시수요(On-Demand) 경제의 부상 등이 전망된다. 정부/공공부문의 서비스도 플랫폼/알고리즘을 통하여 제공되고 미래의 공공부문은 기민성(agility)이 중요한 요소가 될 것으로 예상된다.

4차 산업혁명시대의 정책은 다음과 같은 세 가지 측면을 고려하여 추진되어야 한다.

첫째, 4차 산업혁명의 특징인 수확체증의 경제를 감안하면 선진국과의 격차 축소를 위해 보다 강력한 산업정책이 요구된다. 수확체감의 경제에서는 선진국과의 격차 축소를 생산요소 투입을 통하여 기대할 수 있으나, 수확체증의 시대에는 단순히 생산요소 투입을 증가시켜서는 선진국과의 격차 축소가 어려울 것이기 때문이다.

둘째, 4차 산업혁명 시대가 요구하는 노동/skill의 원활한 공급이 중요하다. 변화의 속도가 빠르고 미래에 대한 예측이 어려운 시대에는 기업이 누구를 고용하고 누구의 경험이 가치 있는지 알기 어렵고 피고용인은 특정 기술/skill의 미래 전망이 불확실하기 때문에 시간과 노력을 투자할 인센티브가 부족하다. 따라서, 기업/피고용인간 합리적인 인센티브를 설계하여 신속한 교육/재교육 기회 제공 및 비용 분담 방안이 마련될 필요가 있다.

IV. 4차 산업혁명

셋째, 공정경쟁과 블랙박스(Blackbox) 문제나 생명 윤리 등 새로운 경제·사회·윤리적 문제에 대한 사회적 합의 도출이 요구된다.

다보스 포럼은 4차 산업혁명을 인간과 기계의 잠재력을 획기적으로 향상시키는 '사이버-물리 시스템(CPS : Cyber-Physical System)'으로 정의하고 있다. 기계가 지능이 필요한 작업을 수행하고, 인간 신체에 컴퓨팅 기술이 직접 적용되고, 기업/정부 및 수요자간의 소통을 새로운 차원으로 향상시키는 등 '기술이 사회에 자리잡는(embedded) 방식이 새로워지는 시대'를 말한다. 사이버-물리시스템(CPS)은 실재와 가상이 초연결 환경에서 통합되어 사물도 자동적·지능적으로 제어할 수 있는 시스템을 의미하는데, 생명/의료분야 혁신과 같이 인간의 삶에 큰 영향을 줄 수 있는 분야도 초연결 환경에서 급속히 발전하고 있으며 이를 가능하게 하는 구체적인 혁신으로 유전자 편집(genome editing), 인공지능, 로봇, 신소재, IoT, 3D 프린팅, 가상화폐거래를 위한 블록체인 등이 지목되고 있다.

4차 산업혁명의 기술은 모든 산업의 혁신을 위한 범용 기술(General Purpose Technology)이며, 다양한 분야의 비즈니스 모델과 결합해 오픈 이노베이션을 통해 전혀 새로운 수요의 충족이 가능하다. 예를 들어, 유전자 편집 기술이 바이오 데이터와 결합되면 신약, 신종 작물, 바이오 에너지 개발 등이 가능하며, 로봇과 인공지능이 결합되면 특정 산업에서 지능형 로봇이 해결할 수 있는 일의 범위가 무한대로 확장되는 것이다.

[그림 4-4] 산업혁명의 발전

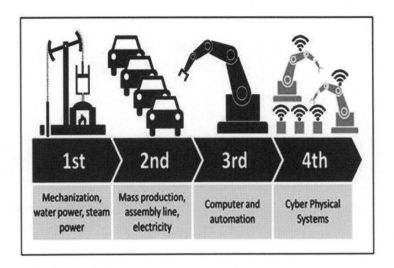

1st Mechanization, water power, steam power

2nd Mass production, assembly line, electricity

3rd Computer and automation

4th Cyber Physical Systems

* 출처 : The 4 Industrial Revolutions (by Christoph Roser at AllAboutLean.com)

4.5. 산업 지형의 변화 전망 근거

◆ 혁신적 기술의 확장성(scalability)과 경제성

과거 산업혁명을 촉발하였던 혁신적 기술들은 실제 경제·사회
에 적용/확산되는 데 많은 시간이 소요되었지만 4차 혁명의 주요
기술들, 특히 ICT/컴퓨터 관련 기술들은 용이하게 확장이 가능해,
오픈 이노베이션을 통해 적용 및 확산이 빠르게 진행될 수 있다.

클라우드로 인해 소프트웨어의 확장성이 가능해지고 소프트웨어 개발 플랫폼도 확대되고 있으며, 인공지능 및 로봇을 비롯한 IoT도 클라우드상의 소프트웨어 플랫폼화되고 있다.

◆ 과학기술 혁신의 가속화

과학기술은 컴퓨팅의 발전으로 ICT와 융합하여 새로운 형태의 지식으로 변모하고 있다. 컴퓨터 부문의 혁신 및 이를 활용하는 과정에서 과학 지식의 성격도 변화하고 있다. 오늘날 물리학의 공식이나 수학의 증명 등은 대부분 프로그램 형태의 지식으로, 계산형 (computational) 지식이라고 부를 수 있다. 생물학의 경우에도 인간 게놈(Genome)의 판독 자체가 컴퓨터 없이는 불가능하였고 단백질 구조의 시뮬레이션 등 많은 분야에서 과학 지식이 컴퓨팅 과정을 거친 지식이다.

과학지식의 창출에 컴퓨터의 역할이 증대함과 동시에, 서로 연결된 컴퓨터 네트워크의 확장으로 과학에의 참여, 공유, 집단지성 (Collective Intelligence)에 의한 발견도 가속화되고 있다. 과학지식의 새로운 표현 형태가 디지털 파일의 형태를 가지고, 모든 사람들에게 접근이 가능할수록 새로운 과학적 발견이 가속화되고 있는 실정이다. 인간 뇌 뉴런 지도의 경우, 천억개 이상의 뉴런 연결을 파악하기 위해 수많은 뇌 단면사진의 경계 파악에 컴퓨터와 수많은 대중이 협업하고 있으며 이는 인터넷이 없이는 불가능한 일이다. 바이오브릭스 재단(Biobricks Foundation)은 수많은 전문 및 아마츄어 집단의 합성생물학을 통한 표준생물학 부품 목록을 관리하고 있으며 수많은 관련자들은 부품 목록을 자유롭게 이용, 추가하고 있다고 한다.

새로운 정보 및 지식의 창출, 축적 속도가 가속화할수록 인간이 이를 모두 이해하고 활용하기에는 한계가 있고, 이에 따라 컴퓨터의 활용이 더욱 증대할 수 밖에 없으며, 이는 다시 과학 지식의 발견을 더욱 활성화시키는 선순환 관계를 형성하고 있다. 주요 ICT 기업의 검색 서비스는 점차 예측하면서 검색하는, 정말로 필요로 하는 지식의 검색으로 진화하고 있으며 이는 과학 지식의 활용 측면에서도 크게 기여할 전망이다. 인공지능, 빅데이터 분석 기술 등의 발전은 과학자가 데이터로부터 가설을 추출하거나 검증하는 데 유용해 과학의 진보, 이의 활용을 통한 산업 혁신을 가져올 수 있는 데 기여하고 있다. 즉, 4차 산업혁명의 기술은 혁신을 혁신하는 기술이 되고 있다.

◆ 사회 전반에 영향을 미치는 혁신제품 등장

자율주행자동차는 자동차 산업에의 영향은 물론, 차량 소유 개념 자체의 변화, 주행시 소요 시간의 다른 활동으로의 대체로 인한 파급효과 등이 예상된다. 멕킨지 연구에 따르면 미국 기준 자율주행차로 인한 시간 절약은 하루 10억 시간에 달하며(1인당 50분), 절약되는 시간에 모바일 인터넷을 이용하면 분당 50억 유로의 디지털 미디어 수익 창출이 가능하고 한다.

블록체인 기술의 광범위한 적용이 IoT 보안문제 해결에 기여, 금융분야를 넘어서 거의 전 분야의 다양한 거래/계약의 안전한 처리, 자동화 기업(Distributed Autonomous Corporation)의 가능성 등이 고개를 들고 있다. 인공지능과 정보처리 2.0(빅데이터의 잠재력 극대화)은 의미 이해에 기반한 지식 구축 및 이를 통한 상황/개인화/추론을 가능하게 하는 인공지능의 성장을 보여주고 있다. 축적되는 데이터의 양이 너무 거대해지면 인간이 스스로 설정한 규칙이나 사전에 설정한 모델을 통해 이를 분석하고 가치를 창출하는 데 한계를 보이고 있으며 4차 산업혁명은 이러한 한계를 극복할 수 있게 해 주고 있다. 4차 산업혁명 시대의 빅데이터는 기계가 학습과정을 통해 자동적으로 데이터에서 인식하고 문제 해결의 모델을 찾아내는 것이 중요한데, 최근의 혁신이 이를 가능하게 하고 있다. 데이터의 의미까지 찾아내 개별 사람들이 원하는 것을 제공하는 방향으로 발전하고 있는 것이다.

딥러닝(Deep Learning) 등 기술 혁신으로 학습을 통해 인공지능이 스스로 대상을 구별, 범주화하거나 최적 모델을 찾아낼 수 있는 능력을 갖추어 가고 있다. 오늘날의 기계학습/AI는 연역적 방식에 의거해 확실한 사실 유추에 매달린 초기 인공지능과 달리, 빅데이터에 기반한 귀납, 추론을 통해 일상의 수많은 학습과정을 자동화하고 결과를 도출, 지식 생성의 자동화는 물론 데이터 축적 및 활용에 따라 사용할수록 성능이 향상되는 장점을 보유하고 있다. '16 미국 대선 결과 예측에도 빅데이터시스템은 인간 전문가를 뛰어넘는 예측력을 보이기도 했다.

인공지능과 의사결정에도 혁신제품이 광범위하게 적용되고 있다. 구글 딥마인드가 개발한 알파고(AlphaGo)는 상대적으로 해결이 용이한 완전정보게임(perfect information game)으로서의 바둑의 해결에 불과하나, 점차 불확실성까지 다루게 되면 경영을 비롯해 다양한 전략적 의사결정에 인공지능의 역할이 증대될 수 있음을 입증해 주었다. 금융투자 전략을 인공지능이 스스로 수립하거나, 브렉시트 사태 직후 알고리즘 기반의 퀀트펀드가 파운드화의 급락을 초래하는 등 이미 전략적 행위에 인공지능의 역할 증대를 예견하고 있다.

인공지능과 결합된 로봇은 기존 로봇 부문에 획기적 진보를 가능하게 해 동일 공간에서 인간과 로봇의 협업을 전망하고 있다. 로봇의 언어이해, 말하기, 번역, 영상처리/인식 등이 모두 모두 방대한 데이터와 센서, 딥러닝 알고리즘이 결합되어 가능하고, 이를 통해 인간과의 협업이 용이해질 것이다. 구글 등 글로벌 ICT기업은 빅데이터, 이를 분석하는 인공지능 알고리즘 및 클라우드 인프라와 로봇공학의 결합을 통하여 로봇 등 미래 인공지능 적용 분야에서 중요한 위치를 점할 가능성이 높아지고 있다. IBM, 퀄컴 등의 뉴로모픽 칩(neuromorphic chip)은 그 자체가 하나의 컴퓨터로 기능하여 클라우드로의 연결 도움 없이도 외부 인식 가능하다고 한다. 뉴로모픽 칩은 사람의 뇌신경을 모방한 차세대 반도체로 기존 반도체와 비교해 성능이 뛰어나면서 전력소모량이 적어 미래의 반도체 시장의 핵심으로 부상하고 있다.

바이오테크의 혁신으로 인한 삶의 질 변화가 예상된다. 개인 유전자 정보 분석 및 저장, 건강 데이터 확보/전송/분석, 의료기기, 이들에 기반하는 맞춤형 의료 서비스, 3D 프린터를 통한 신체 기능 보완, 데이터 해석 및 진단에 필요한 인공 지능 등은 의료, 제약, 병원, 의사의 역할, 공중 보건 등 광범위한 영역에 큰 변화를 가져올 것이다. 특히 유전자 편집을 가능하게 하는 크리스퍼(CRISPR) 기술 일명 유전자가위 기술은 인간 배아와 생식세포 교정에 적용될 수 있어 출생 이전의 태아 게놈 교정 등 치료 이외의 목적으로 활용될 가능성이 있고, 합성생물학의 발전으로 컴퓨터 프로그램 만드는 것과 같은 방법으로 생명체의 프로그래밍이 가능하게 되었다. 인체의 다양한 기능을 보완하는 인공관절, 인체 임플란트도 ICT와 의료의 융합으로 가능하게 되었다. 컴퓨터/인간 인터페이스 및 손상된 인체 기능 보완 기술의 발전이 인류를 윤택하게 하고 있다.

4.6. 4차 산업혁명이 가져올 경제 변화상

◆ 초연결과 기술 혁신이 결합하여 저성장 기조 돌파

지금까지 지식 기반 경제, 네트워크 경제는 정보에 모든 사람이 접근할 수 있다는 것에 기반을 두어 공공재로서의 지식을 통한 외부성(externality) 및 수확체증의 효과를 기대하였으나 다음과 같은 한계가 있었다.

첫째, 빅데이터의 축적도 미흡했고 이를 기계가 읽을 수 있는 (machine-readable) 환경도 조성되지 못하였다. 둘째, 빅데이터에 기반하여 학습능력을 갖춘 인공지능도 부족하다. 셋째, 네트워킹도 미흡하다. 인터넷이 PC 기반 디바이스에 한정되고 사물, 사람으로의 확장이 부족하다. 반면 4차 산업혁명의 시대에는 상기의 조건들이 충족되어 사람·사물·데이터·인공지능이 모두 연결되면, 네트워크 경제의 특징인 수확체증 법칙과 혁신의 가속화가 본격적으로 이루어질 수 있다. 네트워크의 확장으로 모든 사물도 프로그래밍의 대상이 되고, 연결되고, 지능이 모든 사물에 적용되면 제공할 수 있는 서비스, 해결할 수 있는 문제도 기하급수적으로 증대되고 있다.

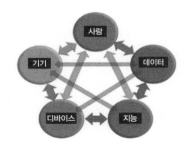

[그림 4-5] 4차 산업혁명 시대의 초연결

혁신적 기술로 노동의 대체/보완 및 경제 주체의 의사결정 지원
이 가능해지면서 생산성이 제고되고 고부가가치 신제품 신서비스
가 지속적으로 등장하고 있다. 수확체증의 법칙이 작동할수록 전
통적인 생산요소 투입에 의한 성장의 한계, 즉 수확체감 극복이 가
능하다. 장기적으로 로봇이 클라우드에 연결되고 학습을 공유하는
일종의 기계 '집단지성'이 가능해지면 생산성 향상 효과는 어마어마
하게 커질 수 있을 것이다.

[그림 4-6] 초연결의 파급효과

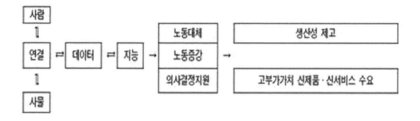

고용의 우버(Uber)화도 일부 분야에서 확산될 가능성이 높다고 본
다. 모바일 차량 예약서비스 우버, 191개국 숙박공유시스템 에어비
엔비(airbnb)가 공급자와 수요자를 상시 연결하듯이 지능정보기술을
활용하면 노동과 같은 요소 시장도 수요자와 공급자간의 상시 연결
과 시장 메커니즘이 보다 원활히 작동할 것이다. 우버의 성공은 그
림에서 보는 바와 같이 완성차 시가총액보다 우버의 시가총액이 커
짐으로써 입증되고 있다. 우버 등의 출현은 파트타임 고용 등 노동

시장의 변화에도 영향을 미칠 수 있다. 경영측에서 필요한 수준에서만 탄력적으로 노동력을 활용할 수 있는 반면, 노동 제공자도 자신이 원하는 시장, 장소, 근로시간을 지능정보기술을 활용하여 선택 가능하다.

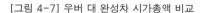

[그림 4-7] 우버 대 완성차 시가총액 비교

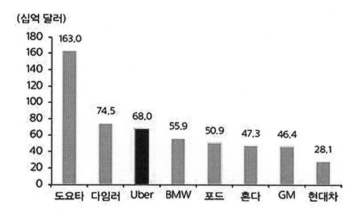

* 출처 : 전종규, "스마트 차이나 자동차 & O2O 혁명", 글로벌 마켓전략, 삼성증권, 2016.4.21., 11page.

지능정보사회에서 요구되는 능력을 보유한 근로자일수록 이러한 환경을 잘 활용하고 경영측에 대하여 균형적인 위치를 차지할 수 있을 것이나, 그렇지 못한 근로자는 적시 노동 수요 환경에서 불리한 위치에 놓일 수도 있는 단점도 있는 것이다.

4차 산업혁명 시대는 맞춤형, 개인화된 소비가 가능한 시대이다. 서로 보완/대체적인 관계를 가지는 다양한 플랫폼 간의 경쟁 환경에서 소비자는 플랫폼을 선택하고 개인화된 제품/서비스를 향유할 수 있다. 그 결과, 4차 산업혁명 시대 주요 기술혁신분야별로 큰 규모의 소비자 효용의 증대가 전망된다.

전산업의 플랫폼화와 산업간 경계의 소멸이 예상된다. 컴퓨팅 기능이 모든 제품/서비스의 기본 기능이 되면서 제3자가 데이터, 소프트웨어 애플리케이션, 인프라 제공 등 다방면에서 새로운 협력 관계를 구성하고 플랫폼을 형성하는 것이 가능해질 것으로 예상된다. 자동차 · 선박 · 가구 · 가전 등 제조업, 의료, 교육, 금융 등 서비스업이 모두 네트워킹과 이에 따르는 컴퓨팅 기능을 기반으로 여러 기업간 수평적 협력관계를 통해 플랫폼을 형성할 것이다. 플랫폼 제공 능력을 갖춘 컴퓨팅/ICT 기업은 플랫폼화되는 모든 산업에서 그 역할이 증대하고 그 과정에서 산업 간 경계도 약화될 것이다. 자동차 산업, 금융산업, 미디어 산업, 유통산업 등 다양한 산업에서 지능정보기술 기반 플랫폼 제공 능력을 갖춘 ICT 기업의 위상이 강화될 것이다.

5년 후 매출 3.5조원을 목표로 하여 SK텔레콤에서 분사한 SK플랫폼과 같이 기업간 경쟁에서 플랫폼간 경쟁으로 변화될 것으로 전망된다. 수많은 산업이 플랫폼화되면서 4차 산업혁명 시대 시장경쟁은 플랫폼간 경쟁으로 변화될 것으로 보인다. 일반적으로 특정 제품/서비스의 경쟁력은 경쟁자의 추격에 따라 단기간에 대체 가능한 일용품화의 함정에 빠지지만 다양한 제품/서비스가 결합된 플랫폼은 장기간 경쟁우위 지속이 가능하다. 스마트폰이 하드웨어 측면에서 범용화되더라도, 애플의 경우에서 알 수 있듯이 이용 가능 콘텐츠에서의 차별화 등 스마트폰 플랫폼의 경쟁우위 지속 가능하다. 경쟁자보다 더 많은 데이터, 보다 우월한 알고리즘을 보유한 금융사는 지속적으로 경쟁우위를 유지할 수 있고 그 과정에서 경쟁우위 요소인 데이터를 더 많이 확보하고 더 많은 플랫폼 참여자를 확보할 수 있는 것이다.

또한 네트워크 효과에 따르는 일정 수준의 시장 지배력을 가진 몇몇 플랫폼 간의 경쟁이 각 산업별로 일반화될 것으로 예상된다. 각 플랫폼은 서로 유사한 제품/서비스 그룹을 일괄 제공하지만 세부 제품/서비스에서 차별성이 존재할 수도 있다.

제품의 서비스화 및 전문적 서비스도 보편화될 것으로 예상된다. 초연결에 따라 미래에는 모든 제품이 컴퓨팅 기능을 갖추고 네트워크에 연결되어 프로그래밍의 대상이 될 것이다. 할부금융, 일정기간 무상 A/S 등 기존의 제품 서비스화와는 달리, 미래 제품서비스화는 제품이 프로그래밍의 대상이자 네트워크에 연결된 점이 큰 차이이다. 프로그래밍되고 지능을 갖춘 제품은 언제, 어디서나 다양한 스마트 부가 서비스를 제공할 수 있다. 거주자 행동 기계학습으로 절전 서비스 기능을 제공하는 네스트 온도계, 다양한 조명기능을 제공하는 필립스 조명 등이 좋은 예이다.

의료, 법률, 고등교육 등 진입장벽이 높고 고가인 서비스들이 지능정보기술을 통하여 누구나 저가에 접할 수 있게 될 것이다. 즉, 전문서비스의 개방화 민주화가 가능할 것으로 예상된다. 언어를 이해/처리할 수 있는 알고리즘 및 이를 구현하는 소프트웨어에 의해 컴퓨팅을 활용한 법률 서비스가 기존 서비스와 경쟁할 것이다. 미국을 중심으로 법무 보조직의 일상적 업무라 할 수 있는 유관 자료 정리 및 작성, 분쟁 절차 개시 프로세스에서 승소 가능성 예측까지 다양한 법률 서비스가 이미 알고리즘을 통해 제공되고 있다. 150만 건의 법률서류를 기초로 법무자료조사를 대행하는 블랙스톤(Blackstone), 리걸줌(LegalZoom), 로켓로이어(Rocketlawyer) 등이 대표적인 알고리즘 법률 서비스 벤처이다. 헬스케어는 모바일, 센서, 게놈 시퀀싱, 데이터 분석 도구의 발전을 통하여 개인 및 주변 환경에 대한 방대한 데이터를 활용하여 증거 기반 맞춤, 예방 의료 서비스가 가능한 시대에 진입하였다. IBM Watson의 진단 지원서비스 등 새로운 의료 플랫폼이 대두되었으며, 사진 판독 등 일부 의사 직무가 기술적으로 대체 가능하며, 의학 논문 리뷰 등 의사 업부의 상당 부분에 컴퓨팅의 역할이 증대되었다.

[그림 4-8] IBM Watson

* 출처 : 박종훈, " 인공지능을 이용한 암검진, 딥러닝으로 의료영상판독", 주간기술동향, 정보통신기술진흥센터, 2015.9.16., 25~29page

공유경제(Sharing Economic)와 적시수요(On-Demand) 경제가 부상할 것이다. 네트워킹으로 모두가 연결되고 그 네트워크가 지능적 서비스를 구현하는 환경에서 소비자/생산자는 항시 연결되어 있고 작은 수요라도 언제, 어디서나 충족시킬 가능성이 높다. 렌트카 기업 릴레이라이즈(RelayRides)는 차량을 한 대도 소유하고 있지 않으며, 공유경제라는 플랫폼을 이용하여 기업을 운영하고 있으며, 우버, 에어비엔비 등이 이러한 적시 수요의 경제적 특성을 잘 구현하고 있다. 우버나 에어비앤비 등 혁신 기업은 개인 차원에서도 일종의 프랜차이즈가 가능하다는 것을 보여 주었으며, 이러한 형태의 비즈니스 모델이 확산될수록 시장 메커니즘이 보다 강화되고 적시에 틈새 수요까지 충족시켜 주는 경제가 가능할 것이다.

참고문헌

1. 이은민, "4차 산업혁명과 산업구조의 변화", 정보통신정책
   제28권 15호 통권629호, 정보통신정책연구원, 2016.8.16.

2. 장필성, "2016 다보스포럼 : 다가오는 4차 산업혁명에 대한
   우리의 전략은?", 과학기술정책 제211호, 2016.2.

3. 전종규, "스마트 차이나 자동차 & O2O 혁명", 글로벌마켓 전
   략, 삼성증권, 2016.4.21.

4. 정민, "4차 산업혁명의 등장과 시사점", 경제주평 16-32, 통
   권 705호, 2016.8.12.

5. 최계영, "4차 산업혁명 시대의 변화상과 정책시사점", KISDI,
   Premium Report, 2016.7.29.

6. 하원규, "제4차 산업혁명의 신지평과 주요국의 접근법", 주간
   기술동향 통권1710호, 정보통신기술진흥센터, 2015.8.26.

7. 클라우스 슈밥, "클라우스 슈밥의 제4차 산업혁명", 새로운
   현재, 2016.4.

V. 결론

　바야흐로 지금은 4차 산업혁명시대이다. 1차 산업혁명은 기계의 발명으로 인한 자동화의 탄생, 그리고 증기기관의 발명을 통한 국가내의 연결성 강화의 시대였고, 2차 산업혁명은 전기 등의 에너지원의 활용과 작업의 표준화를 통해 기업 간/국가 간 노동부문의 연결성을 강화하고, 대량생산체계 시대였다. 3차 산업혁명은 전자장치/ICT를 통하여 급진적으로 정보처리 능력의 발전을 이루었으며, 이를 바탕으로 정교한 자동화를 이루고 사람·환경·기계를 아우르는 연결성을 강화시킨 인터넷시대였으며, 4차 산업혁명은 인공지능에 의해 자동화와 연결성이 극대화되는 초연결·초지능·대융합의 시대이다.

　4차 산업혁명의 주역은 초지능, 초연결, 대융합의 산업생태계를 구성하는 스마트 비즈니스다. 초연결과 초지능은 인류가 경험하지 못한 속도로 진화될 것이고 전 산업부문에서 생산/관리/지배구조의 재구성이 불가피하다. 인류가 경험하지 못한 속도로 전 산업부문에서 경계 없는 초연결과 대융합이 이루어질 것으로 예상된다.

우리가 이러한 거대한 변화를 감지하기 전 2000년대 오픈 이노베이션의 태풍이 불었었으며, 지금까지 혁신기업을 중심으로 그 여세가 이어지고 있다. 이렇게 오픈 이노베이션은 4차 산업혁명으로까지 이어지고 있으며, 우리가 도태되기를 원하지 않는다면 이 추세를 읽고 받아들여야 할 것이다. 4차 산업혁명의 확장은 필연적이며, 이에 적응하지 못하는 산업은 기반을 잃게 될지 모르는 것이다. 따라서 장기적으로는 4차 산업혁명을 바라보며, 단기적으로는 필요한 기술을 확보하여 오픈 이노베이션하는 전략의 추진이 불가피해 보인다.

최근 발표된 정부의 제6차 기술이전 및 사업화 촉진계획에 따르면 이제는 R&D가 아니라, B&D(Buy and Develop) 방식을 통하여 기존의 폐쇄적인 혁신에서 벗어나 오픈 이노베이션 방식의 혁신을 통해 기술을 획득하는 방식으로 R&D 생산성을 향상시키는 새로운 혁신 방안이 추진될 것으로 보인다.

최근에 기업들은 더욱 사업하기에 힘든 환경이 되어 가고 있다고 한다. 환경이 이렇게 어렵게 변하는 것은 비단 우리나라만의 문제가 아니며, 이를 슬기롭게 극복해야 향후 더 나은 우리의 미래가 있을 것이다. 4차 산업혁명의 시대 위기를 슬기롭게 극복해 많은 기업이 기술사업화로 성장할 수 있기를 기대해 본다.